Erfolgreiche, wirksame neue Gewohnheiten Buch
Gewohnheiten ändern, um Reichtum aufzubauen, Emotionale Intelligenz & Leitfaden zur Gewichtsabnahme
von Brian Mahoney

Inhaltsübersicht

Einführung: Die Macht der Gewohnheiten

Kapitel 1 Warum wir schlechte Gewohnheiten entwickeln

Kapitel 2 Den Kreislauf durchbrechen

Kapitel 3 Die Kosten des Gleichbleibens

Kapitel 4 Umstellung der Essgewohnheiten

Kapitel 5 Bewegung als Lebensstil

Kapitel 6 Geist über Teller

Kapitel 7 Den Kreislauf der Ausgabenüberschreitung durchbrechen

Kapitel 8 Aufbau finanzieller Disziplin

Kapitel 9 Die Wohlstandsmentalität

Kapitel 10 Emotionale Intelligenz verstehen

Kapitel 11 Ersetzen von Reaktivität durch Reaktion

Kapitel 12 Stärkung der Beziehungen durch EQ

Kapitel 13 Gewohnheiten stapeln für den Erfolg

Kapitel 14 Die Rolle der Rechenschaftspflicht

Kapitel 15 Feiern von Meilensteinen

Schlussfolgerung

Glossar der Begriffe

Haftungsausschluss

Die in diesem Buch dargestellten Informationen dienen ausschließlich zu Bildungs- und Informationszwecken. Obwohl die angebotenen Strategien und Ratschläge auf allgemein anerkannten Prinzipien der persönlichen Entwicklung, Gesundheit, Finanzen und emotionalen Intelligenz basieren, sollen sie nicht als professionelle medizinische, finanzielle oder psychologische Beratung dienen.

Bevor Sie wesentliche Änderungen an Ihrer Ernährung, Ihrem Sportprogramm oder Ihren finanziellen Gepflogenheiten vornehmen, sollten Sie unbedingt einen zugelassenen Fachmann wie einen Arzt, Finanzberater oder Therapeuten konsultieren, um sicherzustellen, dass die von Ihnen unternommenen Schritte für Ihre individuelle Situation geeignet sind.

Der Autor und der Herausgeber sind nicht verantwortlich für Verletzungen, finanzielle Verluste oder seelisches Leid, die sich aus der Umsetzung der in diesem Buch enthaltenen Informationen ergeben könnten. Jede Handlung, die Sie aufgrund des Inhalts dieses Buches vornehmen, geschieht auf Ihr eigenes Risiko.

Es wurden alle Anstrengungen unternommen, um die Richtigkeit der Informationen in diesem Buch zu gewährleisten, aber der Autor und der Verlag übernehmen keine Garantie für die Ergebnisse, die Sie erzielen können. Der Erfolg hängt letztendlich von Ihrem individuellen Engagement, den Umständen und der Konsequenz bei der Anwendung der besprochenen Strategien ab.

Durch die Nutzung dieses Buches erkennen Sie diese Bedingungen an und stimmen ihnen zu.

Einleitung: Die Macht der Gewohnheiten

Gewohnheiten sind die Bausteine unseres täglichen Lebens. Vom Aufwachen bis zum Zubettgehen wird vieles, was wir tun, von automatischen Routinen gesteuert und nicht von bewussten Entscheidungen. Diese Gewohnheiten können Sie entweder zum Erfolg führen oder Sie in einem Kreislauf aus Frustration, Selbstzweifeln und verpassten Chancen festhalten.

In diesem Buch geht es darum, die transformative Kraft von Gewohnheiten zu nutzen, um diejenigen umzukehren, die Ihnen nicht dienlich sind, und sie durch solche zu ersetzen, die zu einem gesünderen Körper, einer reicheren Zukunft und einer stärkeren emotionalen Intelligenz führen. Indem Sie die Wissenschaft der Gewohnheiten verstehen und praktische Strategien anwenden, können Sie die Richtung Ihres Lebens grundlegend ändern.

1. Die unsichtbare Kraft, die Ihr Leben prägt

Gewohnheiten funktionieren wie ein Autopilot-System, das Ihre Handlungen steuert, ohne dass Sie ständig nachdenken oder sich anstrengen müssen. Sie sind effizient und sparen mentale Energie, da sie es Ihnen ermöglichen, Aufgaben zu erledigen, ohne zu viel nachzudenken. Doch genau diese Effizienz kann sich als nachteilig erweisen, wenn sich schlechte Gewohnheiten festsetzen.

Beispiele für die Macht der Gewohnheiten:

Positive Gewohnheiten: Zähneputzen, regelmäßiger Sport oder das Einhalten eines Budgets.

Negative Gewohnheiten: Unüberlegtes Naschen, Aufschieben oder zu hohe Ausgaben.

Ihre Gewohnheiten bestimmen nicht nur Ihren Tagesablauf, sondern auch die Ergebnisse, die Sie in Bezug auf Ihre Gesundheit, Ihre Finanzen, Ihre Beziehungen und Ihr emotionales Wohlbefinden erzielen.

Wichtige Erkenntnis:

Kleine Gewohnheiten, die konsequent wiederholt werden, haben im Laufe der Zeit eine verstärkende Wirkung. Ein scheinbar unbedeutendes Verhalten heute kann Monate oder Jahre später zu bedeutenden Ergebnissen führen.

Reflexionsaufgabe:

Nennen Sie eine Gewohnheit, ob gut oder schlecht, die Ihr Leben maßgeblich beeinflusst hat. Schreiben Sie auf, wie diese Gewohnheit Sie zu dem gemacht hat, was Sie heute sind.

2. Warum wir uns schwer tun, schlechte Gewohnheiten zu durchbrechen

Die Umkehrung schlechter Gewohnheiten kann sich wie ein harter Kampf anfühlen, und dafür gibt es einen Grund: Gewohnheiten sind tief in unserem Gehirn verankert. Der Kreislauf von Anreiz, Routine und Belohnung bildet eine mächtige Schleife, die nur schwer zu durchbrechen ist.

Die Gewohnheitsschleife:

Auslöser: Ein Auslöser, der die Gewohnheit in Gang setzt.

Routine: Die Handlung, die Sie als Reaktion auf den Hinweis ausführen.

Belohnung: Der Nutzen oder die Erleichterung, die Sie erhalten und die das Verhalten verstärken.

Schlechte Angewohnheiten werden oft durch unmittelbare Belohnungen gefördert, auch wenn die langfristigen Folgen schädlich sind. Zum Beispiel:

Übermäßiges Essen verschafft sofortigen Komfort, führt aber zu Gewichtszunahme.

Impulskäufe bringen vorübergehend Freude, schaden aber Ihren Finanzen.

Emotionales Reagieren auf Konflikte wirkt kathartisch, schadet aber den Beziehungen.

Reflexionsaufgabe:

Denken Sie an eine schlechte Angewohnheit, mit der Sie zu kämpfen haben. Identifizieren Sie den Auslöser, die Routine und die Belohnung.

3. Das Potenzial für Transformation

Die gute Nachricht ist, dass Gewohnheiten nicht in Stein gemeißelt sind. Sie sind Muster, und Muster können mit dem richtigen Ansatz geändert werden. Wenn Sie verstehen, wie Gewohnheiten funktionieren, und lernen, sie bewusst zu ersetzen, können Sie destruktive Zyklen in ermutigende verwandeln.

Bedenken Sie dies:

Anstatt bei Stress zu Junkfood zu greifen, können Sie sich antrainieren, einen Spaziergang zu machen oder tief zu atmen.

Anstatt die Finanzplanung zu vermeiden, können Sie es sich zur Gewohnheit machen, Ihre Ausgaben täglich zu verfolgen.

Anstatt in emotional aufgeladenen Situationen impulsiv zu reagieren, können Sie lernen, innezuhalten und eine überlegte Reaktion zu wählen.

Das Ziel besteht nicht darin, Gewohnheiten zu beseitigen, sondern bessere zu entwickeln. Auf diese Weise gewinnen Sie die Kontrolle über Ihr Handeln und schaffen ein Leben, das Ihren Wünschen entspricht.

Aktionsschritt:

Schreiben Sie eine schlechte Angewohnheit auf, die Sie ablegen möchten, und überlegen Sie sich eine gesündere Angewohnheit, die sie ersetzen könnte.

4. Warum dieses Buch wichtig ist

Dieses Buch ist Ihr Leitfaden zur Transformation. Es geht um mehr als nur darum, mit schlechten Angewohnheiten zu brechen - es geht darum, Ihre Macht zurückzugewinnen, Ihr Leben bewusst zu gestalten. Ganz gleich, ob Sie abnehmen, finanzielle Stabilität erlangen oder Ihre Beziehungen stärken wollen, die Strategien in diesem Buch werden Sie dazu befähigen:

Ermitteln Sie die Gewohnheiten, die Sie zurückhalten.

Verstehen Sie die zugrundeliegenden Auslöser und Belohnungen, die sie antreiben.

Ersetzen Sie destruktive Muster durch positive, nachhaltige Verhaltensweisen.

Was Sie lernen werden:

Die Psychologie und Wissenschaft der Gewohnheiten.

Praktische Techniken, um Ihr Verhalten neu zu verdrahten.

Wie man ein System der Verantwortlichkeit schafft und Fortschritte feiert.

Durch diesen Prozess werden Sie Ihr Potenzial entdecken, nicht nur Ziele zu erreichen, sondern ein Leben mit Sinn, Disziplin und Erfüllung aufzubauen.

5. Deine Reise beginnt hier

Schlechte Gewohnheiten abzulegen und bessere zu entwickeln, ist ein Prozess, der nicht von heute auf morgen zu bewältigen ist. Es erfordert Engagement, Selbsterkenntnis und Durchhaltevermögen. Aber die Belohnungen sind lebensverändernd. Stellen Sie sich eine Version von sich selbst vor, die:

Sie wachen energiegeladen und selbstbewusst auf, weil Sie wissen, dass Sie Entscheidungen treffen, die Ihre Gesundheit fördern.

Sie haben das Gefühl, die Kontrolle über Ihre Finanzen zu haben und freuen sich auf Ihre finanzielle Zukunft.

Er steuert Beziehungen mit Einfühlungsvermögen, Geduld und emotionaler Intelligenz.

Dieser Wandel ist möglich - und er beginnt mit einem kleinen Schritt nach dem anderen.

Letzte Aufgabe:

Setzen Sie sich ein Ziel für diese Reise. Schreiben Sie einen bestimmten Bereich in Ihrem Leben auf, den Sie mit Hilfe der Strategien in diesem Buch verbessern möchten.

Abschließende Überlegungen zur Macht der Gewohnheiten

Gewohnheiten sind nicht einfach nur Handlungen - sie sind Ausdruck dessen, wer Sie sind und wer Sie werden wollen. Indem Sie die Kontrolle über Ihre Gewohnheiten übernehmen, nehmen Sie Ihr Schicksal in die Hand. Dieses Buch ist Ihr Wegweiser zur Umkehrung schlechter Gewohnheiten und zur Entfaltung der gesünderen, wohlhabenderen und emotional intelligenteren Version Ihrer selbst, die nur darauf wartet, zum Vorschein zu kommen.

Fangen wir an.

Kapitel 1:
Warum wir schlechte Gewohnheiten entwickeln

Leitfaden für Ausbilder, um schlechte Gewohnheiten zu verstehen und zu bekämpfen

Herzlich willkommen! Sie sind hier, weil Sie erkennen, dass einige Ihrer Gewohnheiten Sie zurückhalten, und das ist ein mutiger und kraftvoller erster Schritt. Beginnen wir damit, zu verstehen, warum diese Gewohnheiten existieren - denn das Wissen um das "Warum" gibt uns die Werkzeuge, um sie zu ändern.

1. Was sind Gewohnheiten?

Gewohnheiten sind automatische Handlungen, die Ihr Gehirn programmiert hat, um Energie zu sparen. Denken Sie an das Zähneputzen oder das Binden Ihrer Schuhe - Sie müssen nicht darüber nachdenken, es geschieht einfach. Das ist die gute Seite von Gewohnheiten.

Die Herausforderung besteht darin, dass sich Gewohnheiten gegen Sie wenden, wie stundenlanges Scrollen in sozialen Medien oder übermäßiges Essen bei Stress. Das sind Muster, die Ihr Gehirn gelernt hat, weil Sie sich dadurch irgendwann besser fühlten oder ein Problem gelöst haben, wenn auch nur vorübergehend.

2. Verstehen Ihrer Gewohnheitsschleife

Um schlechte Gewohnheiten zu ändern, müssen Sie zunächst verstehen, wie sie funktionieren. Jede Gewohnheit besteht aus drei Teilen:

   Auslöser (Trigger): Das ist das, was Ihre Gewohnheit in Gang setzt. Das kann ein Gefühl, eine Tageszeit oder sogar ein Geruch sein.

   Beispiel: Sie fühlen sich bei der Arbeit gelangweilt.

   Routine (Verhalten): Dies ist die Handlung, die Sie als Reaktion auf den Hinweis ausführen.

Beispiel: Sie greifen zu einer Tüte Chips, um zu naschen.

Belohnung: Dies ist die Belohnung, die das Verhalten verstärkt, auch wenn sie nur von kurzer Dauer ist.

Beispiel: Sie empfinden ein kurzes Gefühl der Freude, wenn Sie die Chips essen.

Ihre Aufgabe:

Denken Sie an eine schlechte Angewohnheit, die Sie gerne ändern würden. Schreiben Sie auf:

Das Stichwort, das es auslöst.

Die Routine, der Sie folgen.

Die Belohnung, die Sie erhalten.

3. Warum bleiben schlechte Gewohnheiten bestehen?

Schlechte Gewohnheiten bleiben bestehen, weil sie uns etwas geben, was wir wollen - in der Regel sofortige Befriedigung. Schauen wir uns das mal genauer an:

Du fühlst dich gestresst (Stichwort), also schaust du viel fern (Routine), um dich zu entspannen (Belohnung).

Das Problem dabei? Diese "Belohnung" ist vorübergehend und geht nicht auf das eigentliche Problem ein - Ihren Stress.

Schlechte Angewohnheiten gedeihen auch in einem Umfeld, das sie leicht macht. Denken Sie darüber nach: Wenn Sie immer Junk Food im Haus haben, ist es schwieriger, es zu vermeiden. Oder wenn Ihr Telefon in Reichweite ist, wird das Scrollen automatisch.

Ihre Aufgabe:

Verbringen Sie einen Tag damit, sich selbst zu beobachten. Welche Gewohnheiten passieren, ohne dass Sie darüber nachdenken? Was löst sie aus? Schreiben Sie so viel auf, wie Sie können.

4. Verstärken Sie Ihre schlechten Gewohnheiten?

Manchmal verstärken wir schlechte Gewohnheiten, ohne es zu merken. Zum Beispiel:

Wenn Sie sich sagen: "Ich scheitere immer bei einer Diät", gibt das Ihrem Gehirn eine Ausrede, es nicht weiter zu versuchen.

Sätze wie "Ich bin nur eine Nachteule" können Sie davon abhalten, eine produktive Morgenroutine aufzubauen.

Hier ist die Wahrheit: Die Geschichten, die Sie sich selbst erzählen, formen Ihre Gewohnheiten. Wenn Sie sich selbst als jemanden sehen, der sich nicht ändern kann, werden Ihre Gewohnheiten das widerspiegeln.

Ihre Aufgabe:

Schreiben Sie alle Etiketten auf, die Sie sich selbst gegeben haben (z. B. "Ich kann schlecht mit Geld umgehen"). Stellen Sie sie in Frage, indem Sie fragen: "Stimmt das wirklich, oder ist das nur eine Denkgewohnheit?"

5. Die versteckten Kosten schlechter Gewohnheiten

Schlechte Angewohnheiten sind nicht nur lästig - sie haben auch ihren Preis.

Gesundheit: Wenn Sie es aufschieben, Sport zu treiben oder sich schlecht zu ernähren, wirkt sich das auf Ihren Körper aus.

Reichtum: Übermäßige Ausgaben oder fehlendes Sparen beeinträchtigen Ihre finanzielle Stabilität.

Emotionen: Reagieren statt reflektieren kann Ihren Beziehungen und Ihrem Selbstwertgefühl schaden.

Fragen Sie sich selbst:

Inwiefern hält mich diese Gewohnheit zurück?

Wie sähe mein Leben aus, wenn ich es durch etwas Besseres ersetzen würde?

Ihre Aufgabe:

Schreiben Sie auf, wie eine schlechte Angewohnheit Sie in jedem Bereich kostet: Gesundheit, Wohlstand und Gefühle. Seien Sie ehrlich zu sich selbst.

6. Fangen wir klein an: Ihr erster Schritt zur Veränderung

Um eine schlechte Angewohnheit zu ändern, müssen Sie nicht alles auf einmal in Ordnung bringen. Beginnen Sie damit, eine Gewohnheit und ihre Auslöser zu verstehen. Konzentrieren Sie sich erst einmal darauf, sich dessen bewusst zu werden.

Führen Sie ein Tagebuch: Notieren Sie eine Woche lang, wann Ihre schlechte Angewohnheit auftritt, was sie auslöst und wie Sie sich danach fühlen.

Fragen Sie "Warum?": Gehen Sie in die Tiefe. Warum greifen Sie zu dieser Gewohnheit? Welches Bedürfnis versuchen Sie zu befriedigen?

Denken Sie daran: Schlechte Gewohnheiten sind oft nur Lösungen für unbefriedigte Bedürfnisse. Sobald Sie das Bedürfnis verstehen, können Sie gesündere Wege finden, es zu befriedigen.

Kapitel 2:
Den Kreislauf der schlechten Gewohnheiten durchbrechen

Willkommen zurück! Inzwischen haben Sie den ersten Schritt getan: Sie haben den Grund für Ihre schlechten Gewohnheiten erkannt. Gute Arbeit. Lassen Sie uns nun einen anderen Gang einlegen und darüber sprechen, wie Sie sich aus diesen Zyklen befreien und eine dauerhafte Veränderung herbeiführen können. In diesem Kapitel geht es um Strategien - einfach, praktisch und effektiv.

1. Erkennen Sie die Macht des Bewusstseins

Der erste Schritt, um mit einer Gewohnheit zu brechen, ist, sie zu beleuchten. Viele schlechte Gewohnheiten gedeihen im Dunkeln - sie laufen so automatisch ab, dass wir nicht einmal merken, dass wir sie ausüben.

Stellen Sie sich Folgendes vor: Sie gehen in Ihre Küche und greifen ohne nachzudenken zu einem Snack. Warum? Weil es eine Gewohnheit ist. Aber was wäre, wenn Sie innehalten und sich fragen würden: "Habe ich eigentlich Hunger?" In diesem Moment der Bewusstheit beginnt die Veränderung.

Ihre Aufgabe:

Wenden Sie in der nächsten Woche diese einfache Technik zur Unterbrechung von Gewohnheiten an:

   Wenn Sie sich dabei ertappen, wie Sie sich eine schlechte Angewohnheit aneignen, halten Sie inne.

   Fragen Sie sich selbst:

      Was fühle ich im Moment?

      Warum soll ich das tun?

      Gibt es einen gesünderen Weg, mit diesem Moment umzugehen?

2. Ersetzen, nicht entfernen

Gewohnheiten lassen sich nur schwer "brechen", aber sie können ersetzt werden. Ihr Gehirn mag keine Lücken. Wenn Sie versuchen, eine schlechte Angewohnheit zu beenden, ohne etwas anderes an ihre Stelle zu setzen, werden Sie eher wieder zurückkehren.

Beispiel:

Alte Gewohnheit: Jeden Nachmittag eine zuckerhaltige Limonade zu trinken.

Ersatzgewohnheit: Stattdessen greifen Sie zu Wasser mit Kohlensäure oder Kräutertee.

Beachten Sie, dass Sie das Verlangen nach einem Getränk immer noch stillen, aber mit einer gesünderen Wahl.

Ihre Aufgabe:

Wählen Sie eine schlechte Angewohnheit, an der Sie diese Woche arbeiten wollen. Schreiben Sie auf:

Die Gewohnheit, die Sie ersetzen wollen.

Eine positive Alternative, die das gleiche Bedürfnis befriedigt.

Verpflichten Sie sich, den Ersatz eine Woche lang zu praktizieren.

3. Kontrollieren Sie Ihr Umfeld

Viele Gewohnheiten werden von der Umgebung beeinflusst. Wenn Ihr Umfeld Ihre schlechte Angewohnheit unterstützt, ist es, als würden Sie versuchen, stromaufwärts zu schwimmen. Ändern Sie Ihr Umfeld, und es wird leichter, Ihr Verhalten zu ändern.

Beispiele:

Problem: Sie essen zu viel Junk Food.

Die Lösung: Entfernen Sie Junk Food aus Ihrem Haus und decken Sie sich mit gesunden Snacks ein.

Problem: Sie prokrastinieren, indem Sie fernsehen.

Die Lösung: Legen Sie Ihre Fernbedienung in eine Schublade und legen Sie stattdessen ein Buch oder Ihre Arbeitsmaterialien auf die Couch.

Ihre Aufgabe:

Wählen Sie eine Gewohnheit aus, die mit Ihrem Umfeld zusammenhängt. Dann:

Identifizieren Sie den Auslöser in Ihrer Umgebung.

Ändern Sie diesen Teil Ihrer Umgebung, um die Gewohnheit zu erschweren.

4. Nutzen Sie die Macht der kleinen Siege

Große, weitreichende Veränderungen scheitern oft, weil sie überwältigend sind. Streben Sie stattdessen kleine, überschaubare Erfolge an, die mit der Zeit an Dynamik gewinnen.

Beispiel:

Anstatt zu sagen: "Ich werde jeden Tag eine Stunde trainieren", fangen Sie mit 5 Minuten an.

Wenn Sie die Bildschirmzeit reduzieren wollen, beginnen Sie damit, sie um 10 Minuten pro Tag zu verringern.

Der Schlüssel ist Beständigkeit. Kleine Erfolge führen zu großen Veränderungen.

Ihre Aufgabe:

Finden Sie einen "kleinen Gewinn", an dem Sie heute arbeiten können. Was ist eine winzige Handlung, die Sie in die richtige Richtung bringt? Schreiben Sie es auf und verpflichten Sie sich, es eine Woche lang jeden Tag zu tun.

5. Verantwortlichkeit nutzen, um auf Kurs zu bleiben

Machen wir uns nichts vor: Gewohnheiten zu ändern ist schwer, wenn man es allein tut. Wenn Sie jemanden haben, der Sie zur Verantwortung zieht, kann das den Unterschied ausmachen.

Beispiele für Instrumente der Rechenschaftspflicht:

　Buddy-System: Suchen Sie sich einen Freund oder ein Familienmitglied, der/die Ihre Fortschritte verfolgen kann.

　Öffentliche Verpflichtungen: Teilen Sie Ihre Ziele mit anderen - das erzeugt Druck von außen, sie zu erreichen.

　Den Fortschritt verfolgen: Verwenden Sie eine App zur Verfolgung von Gewohnheiten oder einen einfachen Kalender, um jeden Tag zu markieren, an dem Sie Ihr Ziel erreichen.

Ihre Aufgabe:

Entscheiden Sie sich für eine Methode der Verantwortlichkeit, die für Sie funktioniert. Schreiben Sie sie auf und richten Sie sie noch heute ein.

6. Selbstmitgefühl üben

Mit einer Gewohnheit zu brechen, ist kein gerader Weg. Sie werden Rückschläge erleiden, und das ist in Ordnung. Das Ziel ist nicht die Perfektion, sondern der Fortschritt.

Wenn Sie einen Fehler machen, machen Sie sich nicht selbst fertig. Fragen Sie stattdessen:

> Was hat dies ausgelöst?

> Wie kann ich mich besser auf das nächste Mal vorbereiten?

Behandeln Sie sich selbst mit der gleichen Freundlichkeit, die Sie auch einem Freund entgegenbringen würden.

Ihre Aufgabe:

Schreiben Sie einen Satz des Selbstmitgefühls, den Sie verwenden können, wenn Ihnen etwas entgleitet. Beispiel:

"Es ist okay, Rückschläge zu haben. Ich lerne und verbessere mich jeden Tag."

7. Den Kreislauf in Aktion durchbrechen

Hier finden Sie eine Zusammenfassung der Schritte, die Sie unternehmen müssen, um Ihre schlechte Angewohnheit loszuwerden:

   Erkennen Sie sie: Schaffen Sie ein Bewusstsein für die Gewohnheit.

   Ersetzen Sie es: Wählen Sie eine gesündere Alternative.

   Strukturieren Sie Ihr Umfeld um: Entfernen Sie Auslöser und Verlockungen.

   Fangen Sie klein an: Konzentrieren Sie sich auf konsequente, überschaubare Maßnahmen.

   Verantwortlich bleiben: Holen Sie sich Unterstützung und verfolgen Sie Ihre Fortschritte.

   Seien Sie freundlich zu sich selbst: Lernen Sie aus Rückschlägen und gehen Sie weiter vorwärts.

Im nächsten Kapitel werden wir uns eingehender mit den versteckten Kosten schlechter Gewohnheiten befassen und damit, wie sie sich auf Ihre Gesundheit, Ihren Wohlstand und Ihr emotionales Wohlbefinden auswirken. Konzentrieren Sie sich vorerst darauf, diese Strategien zu beobachten, zu ersetzen und zu praktizieren.

Denken Sie daran: Veränderung ist ein Prozess, und Sie machen das großartig!

Kapitel 3:
Die Kosten des Gleichbleibens

Willkommen zu Kapitel 3! Bisher haben wir besprochen, warum sich Gewohnheiten bilden und wie man den Kreislauf durchbrechen kann. Aber lassen Sie uns einen Moment innehalten und uns fragen: Was passiert, wenn ich mich nicht ändere?

Es geht nicht darum, Ihnen Angst zu machen, sondern Ihnen zu zeigen, was es wirklich kostet, in schlechten Gewohnheiten zu verharren. Sobald Sie sehen, wie viel Sie zu verlieren haben, werden Sie sich noch mehr motiviert fühlen, eine bessere Zukunft zu schaffen.

1. Die Gesundheitskosten schlechter Gewohnheiten

Schlechte Gewohnheiten fordern mit der Zeit ihren Tribut von Ihrem Körper. Der Schaden zeigt sich vielleicht nicht sofort, aber über Monate und Jahre können sich die Folgen summieren.

Gemeinsame Gesundheitskosten:

   Schlechte Ernährungsgewohnheiten: Kann zu Gewichtszunahme, Herzkrankheiten, Diabetes und Müdigkeit führen.

   Bewegungsmangel: Schwächt die Muskeln, vermindert die Ausdauer und trägt zu chronischen Krankheiten bei.

   Stress und schlechte Schlafgewohnheiten: Senken Ihr Immunsystem, erhöhen den Blutdruck und lassen Sie geistig erschöpft wirken.

Der Reality Check:

Stellen Sie sich vor, Sie wären 5, 10 oder 20 Jahre in der Zukunft. Wie werden sich diese Gewohnheiten auf Ihre körperliche Gesundheit auswirken? Werden Sie die Energie haben, das Leben zu genießen, zu reisen oder mit Ihren Kindern oder Enkeln zu spielen?

Ihre Aufgabe:

Schreiben Sie eine schlechte gesundheitliche Angewohnheit auf, die Sie derzeit haben. Beschreiben Sie anschließend kurz, wie sich diese Gewohnheit auf Sie auswirken könnte, wenn Sie sie in den nächsten 10 Jahren beibehalten.

2. Die finanziellen Kosten von schlechten Gewohnheiten

Schlechte Gewohnheiten können Ihr Portemonnaie leise belasten. Denken Sie über Ihre täglichen Ausgaben oder impulsiven Kaufentscheidungen nach - wie viel kosten sie Sie wirklich?

Beispiele für finanzielle Kosten:

Tägliche Kaffeefahrten oder Imbiss: 5 Dollar pro Tag mögen nicht viel erscheinen, aber über ein Jahr hinweg sind das fast 2.000 Dollar.

Impulskäufe: Kleidung, Gadgets oder Abonnements, die Sie nicht nutzen, können sich schnell summieren.

Verpasste Gelegenheiten: Ausgaben statt Sparen oder Investieren schränken Ihr finanzielles Wachstum ein.

Der Reality Check:

Stellen Sie sich vor, wie Ihre Finanzen aussehen könnten, wenn Sie auch nur einen Teil Ihrer Ausgaben in Ersparnisse oder Investitionen umleiten würden.

Ihre Aufgabe:

Überprüfen Sie Ihre letzten Ausgaben. Finden Sie eine Gewohnheit oder Ausgabe, die Sie einsparen könnten. Schreiben Sie auf, wie viel Sie in einem Monat und einem Jahr sparen würden, wenn Sie diese eine Gewohnheit ändern würden.

3. Die emotionalen Kosten von schlechten Gewohnheiten

Schlechte Gewohnheiten wirken sich nicht nur auf Ihren Körper und Ihr Bankkonto aus - sie belasten auch Ihren Geist und Ihr Herz.

Emotionale Kosten:

Geringes Selbstwertgefühl: Wenn es Ihnen immer wieder nicht gelingt, sich zu ändern, fühlen Sie sich oft besiegt oder festgefahren.

Beschädigte Beziehungen: Die Vernachlässigung geliebter Menschen, schlechte Kommunikation oder Reaktivität können Ihre Beziehungen belasten.

Mentale Überlastung: Stress durch Aufschieben oder unerledigte Aufgaben kann dazu führen, dass Sie sich überfordert fühlen.

Der Reality Check:

Wie sähe Ihr Gefühlsleben aus, wenn Sie eine schlechte Angewohnheit durch eine gesunde, aufbauende Angewohnheit ersetzen würden? Wären Sie selbstbewusster, weniger gestresst oder näher an den Menschen, die Ihnen wichtig sind?

Ihre Aufgabe:

Denken Sie an eine schlechte Angewohnheit, die sich negativ auf Ihre Gefühle oder Beziehungen auswirkt. Schreiben Sie auf, wie sich Ihr Leben emotional verbessern würde, wenn Sie sie überwinden würden.

4. Opportunitätskosten: Was lassen Sie sich entgehen?

Jede schlechte Angewohnheit raubt Zeit und Energie, die für etwas Sinnvolleres verwendet werden könnte. Lassen Sie uns überlegen:

Zeit: Prokrastination, Binge-Watching oder sinnloses Scrollen könnten genutzt werden, um neue Fähigkeiten zu erlernen, Beziehungen aufzubauen oder an Ihren Träumen zu arbeiten.

Energie: Schlechte Gewohnheiten rauben geistige und körperliche Energie, so dass Sie zu erschöpft sind, um Ihre Ziele zu verfolgen.

Der Reality Check:

Fragen Sie sich selbst: Was könnten Sie erreichen, wenn Sie nur eine Stunde am Tag von Ihren schlechten Gewohnheiten ablassen würden?

Ihre Aufgabe:

Schreiben Sie ein großes Ziel auf, das Sie aufgeschoben haben. Berechnen Sie nun, wie viel Zeit Sie pro Woche sparen würden, wenn Sie eine zeitraubende Angewohnheit einschränken würden.

5. Die Kosten des Bedauerns

Bedauern ist eine der schwersten Bürden im Leben. Stellen Sie sich vor, Sie würden nach Jahren zurückblicken und sich wünschen, Sie hätten andere Entscheidungen getroffen. Und die gute Nachricht? Sie sind hier, und Sie haben die Macht, sich zu ändern.

Der Reality Check:

Denken Sie an die zukünftige Version von sich selbst. Welchen Rat würden sie Ihnen für die Gewohnheiten geben, die Sie heute ändern müssen?

Ihre Aufgabe:

Schreiben Sie einen Brief von Ihrem "zukünftigen Ich" an Ihr jetziges Ich, in dem Sie erklären, wie sich Ihr Leben verbessert hat, nachdem Sie begonnen haben, Ihre schlechten Gewohnheiten abzulegen.

6. Bewusstseinsbildung in Aktion

Inzwischen haben Sie darüber nachgedacht, wie sich schlechte Gewohnheiten auf Ihre Gesundheit, Ihr Vermögen und Ihre Gefühle auswirken. Lassen Sie uns dieses Bewusstsein in Motivation umwandeln:

Schreiben Sie eine Erklärung, warum Sie sich ändern wollen. Beispiel:

"Ich möchte mich energiegeladen und selbstbewusst in meinem Körper fühlen, damit ich mit meinen Enkeln spielen kann, ohne zu ermüden.

"Ich möchte ein Vermögen aufbauen, damit ich bequem in Rente gehen und meine Familie unterstützen kann.

Abschließende Überlegungen

Unverändert zu bleiben hat seinen Preis - und der wird umso höher, je länger Sie warten. Aber hier ist die gute Nachricht: Jeder Schritt, den Sie heute machen, egal wie klein, reduziert diese Kosten und bringt Sie dem Leben, das Sie wollen, näher.

Im nächsten Kapitel werden wir uns damit beschäftigen, wie Sie bestimmte schlechte Gewohnheiten ablegen können, angefangen bei Ihrer körperlichen Gesundheit. Konzentrieren Sie sich vorerst auf das, was auf dem Spiel steht, und nutzen Sie es als Antrieb für Veränderungen. Sie leisten großartige Arbeit - machen Sie weiter!

Kapitel 4: Umstellung der Essgewohnheiten

Die Ernährung ist einer der stärksten Einflüsse auf Ihre körperliche Gesundheit, Ihre Energie und Ihr allgemeines Wohlbefinden. Dennoch gehören Essgewohnheiten zu den am schwersten zu ändernden. Und warum? Weil Essen mit unseren Emotionen, Routinen und sogar mit unserem sozialen Leben verbunden ist. In diesem Kapitel erfahren Sie, wie Sie Ihre Essgewohnheiten so umstellen können, dass sie mit Ihren Gesundheitszielen übereinstimmen, ohne sich benachteiligt oder überfordert zu fühlen.

1. Warum wir mit unseren Essgewohnheiten zu kämpfen haben

Die Essgewohnheiten werden oft von anderen beeinflusst:

　Emotionen: Stress, Langeweile oder Traurigkeit können zu emotionalem Essen führen.

　Bequemlichkeit: Fast Food und verarbeitete Snacks sind einfach, aber oft ungesund.

　Umwelt: Ungesunde Optionen können leichter zugänglich sein als nahrhafte.

　Erlernte Verhaltensweisen: Viele Essgewohnheiten stammen aus der Kindheit, wie z. B. alles auf dem Teller aufzuessen oder Essen als Belohnung zu verwenden.

Der Schlüssel zur Umstellung Ihrer Essgewohnheiten liegt darin, diese Muster zu erkennen und zu lernen, wie man sie unterbrechen kann.

2. Mit Bewusstheit beginnen

Die Ernährungstagebuch-Übung:

Bevor Sie Ihre Essgewohnheiten ändern können, müssen Sie sie verstehen. Führen Sie eine Woche lang ein Ernährungstagebuch. Schreiben Sie auf:

- Was Sie essen (alles, auch Snacks).
- Wann Sie essen (Tageszeit).
- Warum Sie essen (Hunger, Stress, Langeweile, Feiern, usw.).
- Wie Sie sich danach fühlen (zufrieden, schuldbewusst, gestärkt usw.).

Warum das funktioniert:

Durch diese Übung werden Muster aufgedeckt, wie z. B. Essen aus Gewohnheit statt aus Hunger oder die Wahl ungesunder Optionen bei Stress. Bewusstheit ist der erste Schritt zur Veränderung.

3. Den Kreislauf des emotionalen Essens durchbrechen

Emotionales Essen beginnt oft mit einem Auslöser - Stress, Langeweile oder Traurigkeit. Der Schlüssel ist, das Verhalten durch etwas Gesünderes zu ersetzen.

Schritte zur Überwindung des emotionalen Essens:

Identifizieren Sie den Auslöser: Halten Sie inne und fragen Sie sich: "Habe ich wirklich Hunger oder ist das ein Gefühl?"

Unterbrechen Sie den Kreislauf: Wählen Sie eine alternative Aktivität, wie z. B. Spazierengehen, Tagebuch schreiben oder einen Freund anrufen.

Üben Sie achtsames Essen: Konzentrieren Sie sich beim Essen auf den Geschmack, die Beschaffenheit und den Genuss des Essens. Dies reduziert übermäßiges Essen und sorgt für Zufriedenheit mit kleineren Portionen.

4. Planen Sie Ihre Mahlzeiten mit Bedacht

Gesunde Ernährung beginnt mit der Planung. Wenn Sie nahrhafte Optionen zur Hand haben, fällt es Ihnen leichter, eine bessere Wahl zu treffen.

Schritte zur erfolgreichen Planung:

Vorbereitung von Mahlzeiten: Nehmen Sie sich jede Woche Zeit für die Zubereitung gesunder Mahlzeiten oder Snacks.

Bestücken Sie Ihre Küche: Halten Sie nahrhafte Lebensmittel wie Obst, Gemüse, Vollkornprodukte und mageres Eiweiß vorrätig.

Portionieren Sie Snacks vor: Anstatt direkt aus der Tüte zu essen, teilen Sie Snacks in einzelne Portionen auf, um ein Überessen zu vermeiden.

Planen Sie die Mahlzeiten: Essen Sie zu festen Zeiten, damit Sie nicht unbedacht grasen.

Ihre Aufgabe:

Planen Sie einen Tag mit Mahlzeiten und Snacks. Schreiben Sie ihn auf und verpflichten Sie sich, ihn einzuhalten.

5. Kontrollieren Sie Ihr Umfeld

Ihre Umgebung spielt eine große Rolle bei Ihren Essgewohnheiten. Wenn Junkfood in greifbarer Nähe ist, ist es schwieriger, ihm zu widerstehen.

Schritte zur Schaffung eines gesunden Essensumfelds:

   Aus den Augen, aus dem Sinn: Halten Sie ungesunde Snacks außer Sichtweite oder aus dem Haus.

   Visuelle Anhaltspunkte: Stellen Sie gesunde Optionen wie Obst oder Nüsse auf die Theke.

   Kleinere Teller: Verwenden Sie kleinere Teller, um die Portionen zu kontrollieren und übermäßiges Essen zu vermeiden.

   Ablenkungsfreie Mahlzeiten: Vermeiden Sie es, vor dem Bildschirm zu essen, um achtsam zu bleiben.

Ihre Aufgabe:

Verändern Sie heute Ihr Umfeld, um eine gesündere Ernährung zu fördern.

6. Bessere Gewohnheiten schaffen, ein Schritt nach dem anderen

Wenn Sie Ihre Essgewohnheiten ändern wollen, müssen Sie nicht von heute auf morgen Ihre gesamte Ernährung umstellen. Konzentrieren Sie sich auf kleine, überschaubare Schritte.

Beispiele für kleine Siege:

> Tauschen Sie Limonade gegen Wasser oder Tee.
>
> Fügen Sie eine Portion Gemüse zu Ihrem Abendessen hinzu.
>
> Wählen Sie Vollkorn anstelle von raffinierten Kohlenhydraten.
>
> Packen Sie Ihr Mittagessen ein, anstatt auswärts zu essen.

Ihre Aufgabe:

Wählen Sie eine kleine Änderung Ihrer Essgewohnheiten. Üben Sie diese eine Woche lang konsequent ein, bevor Sie eine weitere Veränderung vornehmen.

7. Leckerbissen" und Belohnungen neu definieren

Essen wird oft als Belohnung eingesetzt, aber das kann ungesunde Gewohnheiten verstärken. Finden Sie stattdessen andere Wege, um sich selbst zu feiern oder zu trösten.

Beispiele für Non-Food-Belohnungen:

> Ein entspannendes Bad.
>
> Ein neues Buch oder ein neues Outfit zu kaufen.
>
> Sich Zeit nehmen, um ein Hobby zu genießen.

Ihre Aufgabe:

Schreiben Sie drei Belohnungen auf, die nichts mit Essen zu tun haben und mit denen Sie Ihre Fortschritte feiern können.

8. Gleichgewicht, nicht Perfektion

Bei gesunder Ernährung geht es nicht um Perfektion, sondern um Ausgewogenheit. Es ist in Ordnung, seine Lieblingsspeisen gelegentlich zu genießen. Der Schlüssel ist Mäßigung.

Tipps für das Gleichgewicht:

   Befolgen Sie die 80/20-Regel: Essen Sie 80 % der Zeit nahrhafte Lebensmittel und gönnen Sie sich in den restlichen 20 % der Zeit etwas.

   Üben Sie Portionskontrolle: Sie können das Dessert genießen, ohne es zu übertreiben.

   Vergeben Sie sich selbst: Ein Ausrutscher macht Ihre Fortschritte nicht zunichte. Mit der nächsten Mahlzeit kommen Sie wieder in die Spur.

9. Langfristiger Nutzen

Wenn Sie Ihre Essgewohnheiten umstellen, werden Sie Veränderungen bemerken, die weit über die Zahl auf der Waage hinausgehen:

   Erhöhte Energie und Konzentration.

   Bessere Stimmung und emotionale Stabilität.

   Verbesserte Verdauung und allgemeine Gesundheit.

Stellen Sie sich vor, Sie fühlen sich stärker, selbstbewusster und haben Ihr Verhältnis zum Essen im Griff. Das ist die Belohnung für diese Veränderungen.

Abschließende Überlegungen

Die Umstellung der Essgewohnheiten ist eine Reise, kein Sprint. Fangen Sie klein an, bleiben Sie konsequent und feiern Sie jeden Erfolg auf Ihrem Weg. Denken Sie daran, dass Sie nicht nur ändern, was Sie essen - Sie verändern Ihre Gesundheit und Ihr Leben.

Im nächsten Kapitel befassen wir uns mit einem anderen wichtigen Bereich: wie man Wohlstand aufbaut, indem man schlechte Geldgewohnheiten ablegt. Konzentrieren Sie sich vorerst auf eine durchdachte und bewusste Auswahl der Lebensmittel. Du schaffst das!

Kapitel 5: Bewegung als Lebensstil

Willkommen zurück! Wir haben über Ernährungsgewohnheiten gesprochen, und jetzt ist es an der Zeit, den Fokus auf einen anderen Eckpfeiler des Wohlbefindens zu richten: Bewegung. Beim Sport geht es nicht nur darum, ins Fitnessstudio zu gehen - es geht darum, körperliche Aktivität auf eine Weise in den Alltag zu integrieren, die sich natürlich und nachhaltig anfühlt.

Dieses Kapitel führt Sie durch die Schritte, die Sie brauchen, um Ihre Einstellung zur Bewegung zu ändern, Aktivitäten zu finden, die Ihnen Spaß machen, und einen Lebensstil zu entwickeln, der eine gesündere, energiegeladene Version von Ihnen selbst unterstützt.

1. Warum Bewegung wichtig ist

Körperliche Aktivität hat unzählige Auswirkungen auf Ihr Leben, die weit über das Verbrennen von Kalorien und den Muskelaufbau hinausgehen. Nehmen wir uns einen Moment Zeit, um zu verstehen, warum Bewegung so wichtig ist:

  Steigert die Energie: Regelmäßige Bewegung erhöht die Durchblutung und die Sauerstoffzufuhr zu den Zellen, wodurch Sie wacher und konzentrierter bleiben.

  Fördert die psychische Gesundheit: Bewegung setzt Endorphine frei, die "Wohlfühlchemikalien", die Stress, Angst und Depressionen reduzieren.

  Verbessert die körperliche Gesundheit: Bewegung stärkt Herz, Knochen und Muskeln und verringert das Risiko chronischer Krankheiten.

  Verbessert die Langlebigkeit: Aktive Menschen haben eine höhere Wahrscheinlichkeit, länger und gesünder zu leben.

2. Ändern Sie Ihre Einstellung zur Bewegung

Von "Übung" zu "Bewegung"

Viele Menschen betrachten Sport als lästige Pflicht oder als Strafe für zu viel Essen. Ändern wir diese Denkweise. Bewegung ist keine Aufgabe, die man abhaken muss - sie ist eine Möglichkeit, die Fähigkeiten des Körpers zu feiern und in die eigene Gesundheit zu investieren.

Das Ziel: Freude am Umzug finden

Der Schlüssel dazu, Bewegung zu einem Lebensstil zu machen, liegt darin, Aktivitäten zu finden, die Ihnen wirklich Spaß machen. Bewegung muss nicht unbedingt ein Workout im Fitnessstudio sein, es kann auch Tanzen, Gartenarbeit, Spazierengehen oder Sport sein.

Ihre Aufgabe:

Nehmen Sie sich fünf Minuten Zeit zum Nachdenken:

    Welche Art von Bewegung macht Ihnen derzeit Spaß?

    Welche neuen Aktivitäten wollten Sie schon immer einmal ausprobieren?

3. Klein anfangen, Beständigkeit aufbauen

Sie brauchen keinen Marathon zu laufen oder stundenlang zu trainieren, um Ergebnisse zu erzielen. Das Ziel ist Konsequenz statt Intensität.

Ideen für kleine Siege:

Machen Sie nach den Mahlzeiten einen 10-minütigen Spaziergang.

Dehnen Sie sich morgens oder abends für 5 Minuten.

Benutzen Sie die Treppe statt des Fahrstuhls.

Parken Sie weiter weg, um zusätzliche Schritte in Ihren Tag einzubauen.

Ihre Aufgabe:

Nehmen Sie sich ein kleines Bewegungsziel für die Woche vor. Beispiele:

"Ich werde jeden Tag nach dem Essen 15 Minuten spazieren gehen."

"Ich mache jeden Morgen 10 Kniebeugen, bevor ich mir die Zähne putze."

4. Integrieren Sie Bewegung in Ihren Tagesablauf

Um Bewegung zu einem Lebensstil zu machen, muss sie sich nahtlos in Ihren Tagesablauf einfügen.

Tipps zur Integration von Bewegung:

Aktiv pendeln: Gehen Sie zu Fuß oder fahren Sie mit dem Fahrrad zur Arbeit, wenn möglich. Wenn Sie mit dem Auto fahren, parken Sie weiter vom Eingang entfernt.

Arbeitspausen: Stehen Sie alle 30 Minuten auf und strecken Sie sich. Ziehen Sie einen Stehschreibtisch oder Meetings im Gehen in Betracht.

Soziale Aktivitäten: Ersetzen Sie sitzende Tätigkeiten (wie Fernsehen) durch aktive Aktivitäten, wie Wandern oder Sport treiben.

Zeit mit der Familie: Machen Sie aus der Zeit mit der Familie eine aktive Zeit - Fahrradtouren, Parkbesuche oder Tanzabende im Wohnzimmer.

Ihre Aufgabe:

Finden Sie einen Bereich Ihrer Routine, in dem Sie sich mehr bewegen können. Schreiben Sie es auf und verpflichten Sie sich, es in den nächsten drei Tagen auszuprobieren.

5. Fokus auf funktionale Bewegung

Funktionelle Bewegung ahmt reale Aktivitäten nach und trainiert Kraft, Flexibilität und Gleichgewicht für alltägliche Aufgaben. Dieser Ansatz ist besonders vorteilhaft, wenn Sie neu im Training sind oder Verletzungen vorbeugen möchten.

Beispiele für funktionelle Bewegungen:

Kniebeugen: Ahmen Sie das Sitzen und Stehen nach und stärken Sie so Ihre Beine und Ihren Rumpf.

Liegestütze: Trainieren Sie die Kraft des Oberkörpers für Aufgaben wie Heben oder Tragen.

Walking Lunges: Verbessert das Gleichgewicht und die Beinkraft.

Planken: Stärken Sie Ihre Körpermitte für eine bessere Körperhaltung und Stabilität.

Ihre Aufgabe:

Wählen Sie eine funktionelle Bewegung und üben Sie diese in dieser Woche jeden Tag 1-2 Minuten lang.

6. Überwindung von Mobilitätshindernissen

Jeder hat mit Hindernissen zu kämpfen, wenn er aktiv bleiben will. Lassen Sie uns einige davon angehen:

Häufige Hindernisse und Lösungen:

"Ich habe keine Zeit."

Lösung: Teilen Sie die Aktivität in kurze Zeitabschnitte auf. Selbst 5 Minuten Aktivität summieren sich im Laufe des Tages.

"Ich habe keinen Spaß am Sport."

Die Lösung: Probieren Sie verschiedene Aktivitäten aus, bis Sie etwas finden, das Ihnen Spaß macht. Bewegung sollte sich wie eine Belohnung anfühlen, nicht wie eine Strafe.

"Ich bin zu müde."

Die Lösung: Fangen Sie klein an. Bewegung steigert oft das Energieniveau, anstatt es zu erschöpfen.

Ihre Aufgabe:

Schreiben Sie auf, was Sie am meisten daran hindert, aktiv zu bleiben. Überlegen Sie sich dann eine praktische Lösung, die Sie diese Woche umsetzen können.

7. Machen Sie es sozial

Sport muss nicht nur allein betrieben werden. Vielmehr kann Bewegung in Gesellschaft mehr Spaß machen und motivieren.

Ideen für soziale Bewegungen:

   Schließen Sie sich einer lokalen Sportmannschaft oder einem Fitnesskurs an.

   Gehen Sie mit einem Freund oder einem Familienmitglied spazieren.

   Fordern Sie Ihre Freunde mit einem Fitness-Tracker zu Schrittzähl-Wettbewerben heraus.

   Engagieren Sie sich ehrenamtlich, z. B. bei kommunalen Aufräumaktionen oder Wohltätigkeitsläufen.

Ihre Aufgabe:

Suchen Sie sich eine Person, die Ihr Bewegungspartner sein kann. Vereinbaren Sie einen Termin, um gemeinsam etwas zu unternehmen.

8. Verfolgen Sie Ihre Fortschritte und feiern Sie Ihre Erfolge

Die Verfolgung Ihrer Bewegung kann Ihnen helfen, motiviert zu bleiben und zu sehen, wie weit Sie gekommen sind.

Verfolgungsmethoden:

   Verwenden Sie einen Fitness-Tracker oder eine Smartphone-App.

   Führen Sie ein Tagebuch, um Ihre täglichen Aktivitäten festzuhalten.

   Setzen Sie sich kleine Etappenziele und belohnen Sie sich, wenn Sie sie erreicht haben.

Ihre Aufgabe:

Wählen Sie eine Tracking-Methode und zeichnen Sie Ihre Bewegungen für die nächste Woche auf. Wählen Sie eine kleine Belohnung für das Erreichen Ihres ersten Meilensteins.

9. Langfristige Vorteile der Bewegung

Wenn Sie Bewegung zu einem Lebensstil machen, gehen die Vorteile weit über die körperliche Gesundheit hinaus. Hier ist, was Sie gewinnen werden:

Gesteigertes Selbstvertrauen: Das Gefühl, stärker und leistungsfähiger zu sein, stärkt das Selbstwertgefühl.

Bessere Laune: Regelmäßige Bewegung baut Stress ab und fördert die geistige Klarheit.

Tiefer gehende Bindungen: Aktive Hobbys können die Beziehungen zu Freunden und Familie stärken.

Langlebigkeit: Wer aktiv bleibt, lebt länger und bleibt auch im Alter unabhängig.

Abschließende Überlegungen

Bewegung ist ein Geschenk, das Sie Ihrem Körper, Ihrem Geist und Ihrer Seele machen. Indem Sie sie in Ihr tägliches Leben integrieren, bauen Sie Kraft, Widerstandsfähigkeit und ein Gefühl der Vollendung auf, das sich auf alle Bereiche Ihres Lebens auswirkt.

Im nächsten Kapitel werden wir uns mit der finanziellen Seite der Abkehr von schlechten Gewohnheiten befassen und damit, wie man durch bewusstes Geldmanagement Wohlstand aufbauen kann. Bis dahin schnüren Sie Ihre Schuhe, setzen Sie sich in Bewegung und genießen Sie die Reise. Sie leisten unglaubliche Arbeit!

Kapitel 6:
Geist über Teller

Willkommen zu Kapitel 6! In den vorangegangenen Kapiteln haben wir uns mit der Bedeutung von Essgewohnheiten und Bewegung beschäftigt. Jetzt ist es an der Zeit, sich auf die Rolle zu konzentrieren, die Ihre Denkweise in Ihrer Beziehung zum Essen spielt. Die Art und Weise, wie Sie über das Essen denken - Ihre Überzeugungen, Gefühle und Gewohnheiten - kann Ihre Ziele entweder unterstützen oder sabotieren. Dieses Kapitel hilft Ihnen, einen achtsamen, bewussten Umgang mit dem Essen zu entwickeln, damit Sie sich von ungesunden Mustern befreien und es wirklich genießen können, Ihren Körper zu ernähren.

1. Der Zusammenhang zwischen Denkweise und Essen

Essen ist mehr als nur Kraftstoff - es ist mit Kultur, Komfort und sogar mit dem Selbstbild verbunden. Leider kann diese emotionale Verbindung manchmal zu übermäßigem Genuss, Schuldgefühlen oder Einschränkungen führen.

Um Ihre Essgewohnheiten zu ändern, müssen Sie Ihre Denkweise ändern. Achtsames Essen ist der Schlüssel, um bewusste Entscheidungen zu treffen, die Ihrer Gesundheit und Ihrem Glück zugute kommen.

2. Verständnis von Mindless Eating

Unüberlegtes Essen liegt vor, wenn wir essen, ohne darauf zu achten, was oft zu übermäßigem Essen oder ungesunden Entscheidungen führt. Häufige Auslöser sind unter anderem:

   Emotionales Essen: Essen zur Bewältigung von Stress, Traurigkeit oder Langeweile.

   Äußere Anreize: Essen, weil Essen verfügbar ist, nicht weil man hungrig ist (z. B. Buffets oder Snacks im Büro).

Ablenkungen: Essen, während man fernsieht, auf dem Handy scrollt oder arbeitet.

Ihre Aufgabe:

Denken Sie über die letzten drei Mahlzeiten oder Snacks nach, die Sie zu sich genommen haben. Waren Sie wirklich hungrig, oder haben Sie aus Gewohnheit, aus einem Gefühl heraus oder aus Ablenkung gegessen? Schreiben Sie Ihre Beobachtungen auf.

3. Achtsamkeit beim Essen üben

Beim achtsamen Essen geht es darum, langsamer zu werden und beim Essen ganz präsent zu sein. Das hilft Ihnen, auf die Hunger- und Sättigungssignale Ihres Körpers zu hören, und macht es leichter, übermäßiges Essen zu vermeiden.

Schritte zur Praxis des achtsamen Essens:

Halten Sie inne, bevor Sie essen: Nehmen Sie sich einen Moment Zeit, um mit sich selbst ins Reine zu kommen. Sind Sie hungrig, oder essen Sie aus Gewohnheit oder aus einem Gefühl heraus?

Aktivieren Sie Ihre Sinne: Nehmen Sie die Farben, Gerüche und Beschaffenheit Ihres Essens wahr, bevor Sie einen Bissen nehmen.

Langsam essen: Legen Sie die Gabel zwischen den Bissen ab und kauen Sie gründlich.

Hören Sie auf Ihren Körper: Hören Sie auf zu essen, wenn Sie zufrieden sind, nicht wenn Sie satt sind.

Ihre Aufgabe:

Üben Sie sich bei Ihrer nächsten Mahlzeit im achtsamen Essen. Schalten Sie Ablenkungen aus, essen Sie langsam und achten Sie darauf, wie Sie sich dabei fühlen.

4. Lebensmittelüberzeugungen umschreiben

Viele von uns haben verinnerlichte Überzeugungen über Lebensmittel, die nicht hilfreich sind. Häufige Beispiele sind:

"Ich muss alles aufessen, was auf meinem Teller liegt."

"Gesundes Essen ist langweilig oder fade."

"Ich habe heute schon alles vermasselt, also kann ich auch essen, was ich will."

Wie man diese Überzeugungen neu gestaltet:

Alter Glaube: "Ich muss alles aufessen, was auf meinem Teller liegt."

Neuer Glaube: "Es ist okay, Reste aufzubewahren oder aufzuhören, wenn ich satt bin."

Alter Glaube: "Gesundes Essen ist langweilig oder fade."

Neuer Glaube: "Gesundes Essen kann mit der richtigen Zubereitung köstlich sein."

Ihre Aufgabe:

Schreiben Sie eine negative Überzeugung auf, die Sie über Lebensmittel haben. Entwickeln Sie dann eine positive Ersatzüberzeugung und wiederholen Sie sie täglich.

5. Umgang mit emotionalem Essen

Emotionales Essen ist eine der häufigsten Herausforderungen, mit denen Menschen konfrontiert sind. Es ist wichtig, sich mit den Emotionen auseinanderzusetzen, die hinter dem Essverhalten stehen, anstatt das Essen als Bewältigungsmechanismus zu nutzen.

Schritte zur Bewältigung des emotionalen Essens:

Erkennen Sie Auslöser: Achten Sie darauf, wann Sie aus Stress, Langeweile oder Traurigkeit zum Essen greifen.

Finden Sie Alternativen: Ersetzen Sie das Essen durch einen gesunden Bewältigungsmechanismus, wie z. B. Tagebuch schreiben, meditieren oder einen Spaziergang machen.

Planen Sie im Voraus: Halten Sie gesündere Snacks bereit, um impulsive Entscheidungen zu vermeiden.

Ihre Aufgabe:

Wenn Sie das nächste Mal den Drang verspüren, emotional zu essen, halten Sie inne und versuchen Sie eine Bewältigungsstrategie, die nicht auf Essen beruht. Denken Sie darüber nach, wie Sie sich dabei gefühlt haben.

6. Schaffung eines positiven Essensumfelds

Ihr Umfeld beeinflusst, wie viel und was Sie essen. Durch kleine Veränderungen in Ihrer Umgebung können Sie auf natürliche Weise gesündere Essgewohnheiten fördern.

Tipps für ein positives Umfeld:

Die Tellergröße ist wichtig: Verwenden Sie kleinere Teller, um die Portionsgrößen zu kontrollieren.

Aus den Augen, aus dem Sinn: Bewahren Sie ungesunde Snacks außer Sichtweite auf und platzieren Sie gesunde Alternativen (wie Obst) dort, wo sie leicht zugänglich sind.

Sorgen Sie für die richtige Stimmung: Schaffen Sie eine angenehme Essumgebung, indem Sie sich an einen Tisch setzen, die richtigen Utensilien verwenden und Ablenkungen vermeiden.

Ihre Aufgabe:

Nehmen Sie heute eine kleine Veränderung in Ihrem Essumfeld vor. Ordnen Sie zum Beispiel Ihre Vorratskammer um, damit die gesunden Optionen besser zur Geltung kommen.

7. Beherzigen Sie die 80/20-Regel

Die 80/20-Regel besagt, dass man sich zu 80 % auf gesunde Entscheidungen konzentrieren und sich gleichzeitig ein gewisses Maß an Flexibilität für den Genuss gönnen sollte. Dieser Ansatz verringert den Druck, "perfekt" sein zu müssen, und macht eine gesunde Ernährung nachhaltiger.

Wie man die 80/20-Regel anwendet:

Planen Sie Ihre Gaumenfreuden: Entscheiden Sie, wann und wie Sie sich etwas gönnen wollen.

Genießen Sie Ihr Essen: Wenn Sie sich etwas gönnen, essen Sie langsam und genießen Sie jeden Bissen ohne Schuldgefühle.

Zurück in die Spur: Kehren Sie mit der nächsten Mahlzeit zu Ihren gesunden Essgewohnheiten zurück.

Ihre Aufgabe:

Suchen Sie sich einen Genuss aus, den Sie diese Woche genießen wollen. Planen Sie, wann und wie Sie ihn zu sich nehmen, und üben Sie, ihn achtsam zu genießen.

8. Kultivieren Sie Dankbarkeit für Ihr Essen

Dankbarkeit kann Ihre Beziehung zum Essen verändern. Wenn Sie Ihre Mahlzeiten wertschätzen, fühlen Sie sich zufriedener und mit dem Akt des Essens verbunden.

Möglichkeiten, Dankbarkeit zu praktizieren:

Vor dem Essen innehalten: Nehmen Sie sich einen Moment Zeit, um darüber nachzudenken, woher Ihr Essen kommt und wie viel Mühe es gekostet hat, es zuzubereiten.

Drücken Sie Ihren Dank aus: Drücken Sie still oder laut Ihre Dankbarkeit für die Nahrung aus, die Sie mit Ihrer Mahlzeit zu sich nehmen.

Genießen Sie den Prozess: Genießen Sie das Koch- und Esserlebnis, nicht nur das Ergebnis.

Ihre Aufgabe:

Halten Sie vor Ihrer nächsten Mahlzeit inne und schreiben Sie drei Dinge auf, für die Sie in Bezug auf Ihr Essen dankbar sind.

9. Langfristige Vorteile eines achtsamen Ansatzes

Wenn Sie Ihre Einstellung zum Essen ändern, werden Sie tiefgreifende Veränderungen feststellen:

Mehr Kontrolle: Sie essen, wenn Sie hungrig sind, und hören auf, wenn Sie zufrieden sind.

Weniger Stress: Schuldgefühle und Ängste im Zusammenhang mit dem Essen werden schwinden.

Bessere Gesundheit: Mit der Zeit unterstützt achtsames Essen eine ausgewogene Ernährung und ein gesünderes Gewicht.

Tieferer Genuss: Das Essen wird zu einer Quelle der Freude, nicht der Frustration.

Abschließende Überlegungen

Bei der achtsamen Ernährung geht es nicht um Perfektion, sondern darum, eine achtsame, bewusste Beziehung zum Essen aufzubauen, die Sie befähigt, gesündere Entscheidungen zu treffen. Indem Sie sich in Achtsamkeit üben, mit Ihren Emotionen umgehen und sich ein Gleichgewicht schaffen, können Sie Ihre Denkweise neu ausrichten und eine lebenslange Grundlage für Ihr Wohlbefinden schaffen.

Im nächsten Kapitel werden wir uns mit der finanziellen Seite der Abschaffung schlechter Gewohnheiten befassen und erkunden, wie Sie Wohlstand aufbauen können, indem Sie Ihre Einstellung zum Thema Geld ändern. Fürs Erste sollten Sie weiterhin "Geist über Teller" praktizieren und jeden kleinen Schritt, den Sie machen, feiern. Sie haben es geschafft!

Kapitel 7:
Den Kreislauf der übermäßigen Ausgaben durchbrechen

Willkommen zu Kapitel 7, in dem wir unser Augenmerk auf finanzielle Gewohnheiten richten. Übermäßige Ausgaben sind eine der häufigsten finanziellen Fallen. Oft liegt es an tieferen Problemen wie Stress, emotionalen Auslösern oder sogar daran, dass Sie sich nicht bewusst sind, wohin Ihr Geld fließt.

In diesem Kapitel helfe ich Ihnen, die Ursachen für übermäßige Ausgaben zu erkennen, Strategien zu entwickeln, um sie einzudämmen, und einen Plan zu erstellen, um Ihre Ausgaben mit Ihren Werten und finanziellen Zielen in Einklang zu bringen. Denken Sie daran, dass die finanzielle Gesundheit für Ihr allgemeines Wohlbefinden genauso wichtig ist wie die körperliche und emotionale Gesundheit.

1. Verstehen, warum Sie zu viel ausgeben

Um den Kreislauf der übermäßigen Ausgaben zu durchbrechen, müssen wir zunächst die Ursachen dafür ermitteln. Fragen Sie sich selbst:

Häufige Gründe für überhöhte Ausgaben:

   Emotionale Auslöser: Einkaufen zur Bewältigung von Stress, Traurigkeit, Langeweile oder geringem Selbstwertgefühl.

   Gesellschaftliche Zwänge: Ausgaben, um mit Freunden, Trends oder gesellschaftlichen Erwartungen Schritt zu halten.

   Kultur der Bequemlichkeit: Verlassen Sie sich auf Impulskäufe oder Lieferdienste, ohne die Kosten zu berücksichtigen.

   Mangelndes Bewusstsein: Sie verfolgen Ihre Ausgaben nicht und merken nicht, wie sich kleine Anschaffungen mit der Zeit summieren.

Ihre Aufgabe:

Nehmen Sie sich 10 Minuten Zeit, um über Ihre Ausgabengewohnheiten nachzudenken. Schreiben Sie die letzten drei nicht lebensnotwendigen Anschaffungen auf, die Sie getätigt haben. Was war der Grund für diese Käufe?

2. Muster der übermäßigen Ausgaben erkennen

Verhaltensmuster sind oft ausschlaggebend, und das ist auch bei überhöhten Ausgaben so. Wenn Sie herausfinden, wann und wo Sie am ehesten zu hohen Ausgaben neigen, können Sie den Kreislauf durchbrechen.

Gemeinsame Muster:

   Die Tageszeit: Geben Sie spät nachts beim Stöbern in Online-Shops zu viel Geld aus?

   Orte: Gibt es bestimmte Geschäfte, Websites oder Apps, in denen Sie immer zu viel ausgeben?

   Emotionale Zustände: Kaufen Sie ein, wenn Sie sich niedergeschlagen, gestresst oder feierlich fühlen?

Ihre Aufgabe:

Verfolgen Sie eine Woche lang jeden Einkauf, den Sie tätigen. Verwenden Sie ein Notizbuch oder eine App, um zu notieren, was Sie gekauft haben, wo Sie es gekauft haben und wie Sie sich zu der Zeit gefühlt haben. Suchen Sie nach Mustern.

3. Ändern Sie Ihre Einstellung zu Geld

Genau wie beim Essen oder beim Sport wird Ihre Beziehung zu Geld von Ihren Überzeugungen und Einstellungen geprägt. Es ist an der Zeit, diese Überzeugungen neu zu formulieren, um gesündere finanzielle Gewohnheiten zu unterstützen.

Gemeinsame Geldmythen neu gestalten:

Mythos: "Ich verdiene es, mir etwas zu gönnen, weil ich hart arbeite".

Die Wahrheit: Sie verdienen finanzielle Stabilität und Seelenfrieden mehr als flüchtige Befriedigung.

Mythos: "Ich fange an zu sparen, wenn ich mehr Geld verdiene".

Die Wahrheit: Sparen ist eine Gewohnheit, keine Zahl. Selbst kleine Beträge sind wichtig.

Ihre Aufgabe:

Schreiben Sie eine einschränkende Überzeugung über Geld auf, die Sie haben. Ersetzen Sie sie durch eine positive, ermächtigende Aussage. Zum Beispiel:

Begrenzender Glaube: "Ich werde immer schlecht mit Geld umgehen können."

Ermächtigende Überzeugung: "Ich lerne, mit meinem Geld umzugehen, und werde jeden Tag besser."

4. Umsetzung der Ausgabenbeschränkungen

Um übermäßige Ausgaben in den Griff zu bekommen, brauchen Sie klare Grenzen für Ihre Ausgaben. Diese Leitlinien wirken wie Leitplanken, die Sie auf dem richtigen Weg halten, ohne dass Sie sich zu sehr eingeengt fühlen.

Strategien, um Grenzen zu setzen:

Die 24-Stunden-Regel: Warten Sie 24 Stunden, bevor Sie nicht lebensnotwendige Einkäufe tätigen.

Nur-Bargeld-Methode: Heben Sie jede Woche einen bestimmten Geldbetrag ab, den Sie nach eigenem Ermessen ausgeben können.

Legen Sie monatliche Obergrenzen fest: Legen Sie bestimmte Beträge für Kategorien wie Restaurantbesuche, Unterhaltung oder Kleidung fest.

Ihre Aufgabe:

Entscheiden Sie sich für eine Ausgabenbeschränkung, die Sie diese Woche umsetzen wollen. Schreiben Sie sie auf und halten Sie sie ein. Zum Beispiel: "Ich werde die 24-Stunden-Regel für alle Einkäufe über 50 $ anwenden."

5. Ersetzen Sie Impulskäufe durch finanzielle Gewinne

Impulsive Ausgaben sind oft eine Gewohnheit, aber Gewohnheiten können ersetzt werden. Jedes Mal, wenn Sie sich gegen einen nicht unbedingt notwendigen Kauf sträuben, sollten Sie das Geld für ein finanzielles Ziel verwenden.

Beispiele für Umleitungen:

Überweisen Sie den Betrag, den Sie nicht ausgegeben haben, auf Ihr Sparkonto.

Verwenden Sie es, um Schulden zu tilgen.

Investieren Sie in etwas Sinnvolles, z. B. in eine Fähigkeit oder Erfahrung, die mit Ihren Werten übereinstimmt.

Ihre Aufgabe:

Wenn Sie das nächste Mal in der Versuchung sind, etwas impulsiv zu kaufen, halten Sie inne. Nehmen Sie das Geld und legen Sie es auf ein Sparkonto oder verwenden Sie es, um Schulden zu tilgen. Verfolgen Sie, wie viel Sie im Laufe der Zeit "sparen".

6. Richten Sie Ihre Ausgaben an Ihren Werten aus

Zu hohe Ausgaben entstehen oft, wenn Ihre Einkäufe nicht mit dem übereinstimmen, was Ihnen wirklich wichtig ist. Wenn Sie Ihre Grundwerte kennen, können Sie Ausgaben für Dinge priorisieren, die Sie wirklich zufriedenstellen.

Schritte zur Angleichung der Ausgaben:

    Bestimmen Sie Ihre Werte: Was ist für Sie am wichtigsten - Familie, Gesundheit, Bildung, Erfahrungen?

    Beurteilen Sie Einkäufe: Fragen Sie sich: "Passt dieser Kauf zu meinen Werten?"

    Planen Sie im Voraus: Erstellen Sie ein Budget, das Ihre Prioritäten widerspiegelt.

Ihre Aufgabe:

Schreiben Sie Ihre drei wichtigsten Werte auf. Listen Sie für jeden Wert eine Möglichkeit auf, wie Sie Ihre Ausgaben anpassen können, um ihn zu berücksichtigen.

7. Tools zum Verfolgen und Verwalten Ihres Geldes

Um den Kreislauf der übermäßigen Ausgaben zu durchbrechen, ist es wichtig, seine Finanzen im Blick zu behalten. Zum Glück gibt es viele Hilfsmittel und Techniken, die Ihnen dabei helfen, Ihre Finanzen im Griff zu behalten.

Empfohlene Tools:

    Budgetierungs-Apps: Mit Apps wie Mint, YNAB (You Need A Budget) oder EveryDollar können Sie Ihre Ausgaben in Echtzeit verfolgen.

Tabellenkalkulationen: Wenn Sie eine manuelle Vorgehensweise bevorzugen, erstellen Sie eine einfache Tabelle, um Ihre Ausgaben zu kategorisieren und zu summieren.

Umschlagsystem: Weisen Sie Bargeld für bestimmte Kategorien zu und geben Sie nur das aus, was in jedem Umschlag ist.

Ihre Aufgabe:

Wählen Sie ein Tool, um Ihre Ausgaben in diesem Monat zu erfassen. Beginnen Sie mit der Eingabe Ihrer Ausgaben der letzten Woche.

8. Überwindung von Rückschlägen

Finanzielle Gewohnheiten zu durchbrechen braucht Zeit, und Rückschläge gehören dazu. Der Schlüssel ist, aus ihnen zu lernen und weiterzumachen.

Tipps für den Umgang mit Rückschlägen:

Vermeiden Sie Scham: Erkennen Sie, dass Ausrutscher normal sind.

Analysieren Sie den Auslöser: Was hat zu den Mehrausgaben geführt? Wie können Sie es das nächste Mal angehen?

Konzentrieren Sie sich auf Ihre Ziele: Erinnern Sie sich daran, warum Sie daran arbeiten, Ihre finanziellen Gewohnheiten zu verbessern.

Ihre Aufgabe:

Denken Sie an einen kürzlichen Rückschlag. Schreiben Sie auf, was Sie daraus gelernt haben und wie Sie mit einer ähnlichen Situation in Zukunft anders umgehen werden.

9. Die langfristigen Belohnungen finanzieller Disziplin

Um den Kreislauf der übermäßigen Ausgaben zu durchbrechen, geht es nicht nur darum, Geld zu sparen - es geht darum, Freiheit und Sicherheit in Ihrem Leben zu schaffen.

Vorteile, die Sie erleben werden:

Geringerer Stress: Keine Sorgen mehr über Schulden oder Rechnungen.

Erhöhte Ersparnisse: Mittel für Notfälle, Ziele und Chancen.

Ausrichtung an Werten: Ausgaben für das, was wirklich wichtig ist, bringen mehr Erfüllung.

Reichtum aufbauen: Finanzielle Disziplin ist die Grundlage dafür, dass Sie Ihr Vermögen im Laufe der Zeit vermehren können.

Abschließende Überlegungen

Den Kreislauf des übermäßigen Geldausgebens zu durchbrechen ist ein langer Weg, aber jeder kleine Schritt bringt Sie der finanziellen Freiheit näher. Indem Sie Ihre Gewohnheiten verstehen, Grenzen setzen und Ihre Ausgaben mit Ihren Werten in Einklang bringen, bauen Sie eine gesündere Beziehung zu Geld auf, die Ihre langfristigen Ziele unterstützt.

Im nächsten Kapitel werden wir untersuchen, wie Sie Ihre emotionale Intelligenz stärken können, damit Sie tiefere Verbindungen aufbauen und Ihre Emotionen besser steuern können. Konzentrieren Sie sich erst einmal auf Ihre finanziellen Erfolge und feiern Sie Ihre Fortschritte - Sie bauen eine bessere Zukunft auf!

Kapitel 8: Finanzielle Disziplin aufbauen

Willkommen zu Kapitel 8! Nachdem wir uns nun mit dem Thema der übermäßigen Ausgaben befasst haben, ist es an der Zeit, sich auf die Kultivierung der finanziellen Disziplin zu konzentrieren. Disziplin ist das Rückgrat des finanziellen Erfolgs - sie befähigt Sie, Ihr Geld bewusst zu verwalten, unnötige Schulden zu vermeiden und Ihre finanziellen Ziele konsequent und selbstbewusst zu verfolgen.

In diesem Kapitel führe ich Sie durch die praktischen Schritte zum Aufbau finanzieller Disziplin und helfe Ihnen, sich an Ihren Plan zu halten, auch wenn Sie in Versuchung geraten. Mit den richtigen Werkzeugen, Denkweisen und Strategien lernen Sie, Ihre Finanzen zu kontrollieren, anstatt sich von ihnen kontrollieren zu lassen.

1. Finanzielle Disziplin verstehen

Finanzielle Disziplin hat nichts mit Entbehrungen zu tun - es geht darum, Ihre Bedürfnisse und langfristigen Ziele über impulsive Wünsche zu stellen. Es bedeutet, dass Sie durchdachte Entscheidungen darüber treffen, wie Sie Geld verdienen, ausgeben, sparen und investieren.

Die Vorteile der finanziellen Disziplin:

   Seelenfrieden: Sie haben das Gefühl, die Kontrolle über Ihre Finanzen zu haben.

   Ziele erreichen: Konsequente Anstrengungen bringen Sie Ihren finanziellen Zielen näher.

   Reichtum aufbauen: Durch Disziplin kann Ihr Geld durch Sparen und Investieren wachsen.

Ihre Aufgabe:

Nehmen Sie sich einen Moment Zeit, um zu definieren, was finanzielle Disziplin für Sie bedeutet. Schreiben Sie einen langfristigen Vorteil auf, den Sie durch die Entwicklung dieser Fähigkeit zu erreichen hoffen.

2. Klare finanzielle Ziele setzen

Disziplin wird leichter, wenn man weiß, worauf man hinarbeitet. Klare, spezifische Ziele geben Motivation und Orientierung.

Schritte zur Festlegung von Finanzzielen:

Bestimmen Sie Ihre Prioritäten: Was ist am wichtigsten - Schulden abbezahlen, für ein Haus sparen oder einen Notfallfonds aufbauen?

Seien Sie spezifisch: Vage Ziele führen zu vagen Ergebnissen. Anstelle von "mehr Geld sparen" sollten Sie "5.000 Dollar in 12 Monaten sparen" anstreben.

Legen Sie einen Zeitplan fest: Fristen schaffen Dringlichkeit und helfen Ihnen, den Fortschritt zu verfolgen.

Gliedern Sie es auf: Unterteilen Sie große Ziele in kleinere, überschaubare Meilensteine.

Ihre Aufgabe:

Schreiben Sie ein kurzfristiges (3-6 Monate) und ein langfristiges (1+ Jahr) Finanzziel auf. Seien Sie so konkret wie möglich.

3. Erstellung eines realistischen Budgets

Ein Budget ist Ihr Fahrplan für finanzielle Disziplin. Es stellt sicher, dass Sie Ihr Einkommen so einsetzen, dass es mit Ihren Zielen übereinstimmt.

Die wichtigsten Bestandteile eines Haushaltsplans:

Feste Ausgaben: Miete, Versorgungsleistungen, Versicherungen und andere wiederkehrende Kosten.

Variable Ausgaben: Lebensmittel, Transport, Unterhaltung.

Sparen: Sparen Sie mindestens 20 % Ihres Einkommens, wenn möglich.

Schuldentilgung: Bezahlen Sie vorrangig hochverzinsliche Schulden.

Ihre Aufgabe:

Erstellen Sie ein einfaches Budget für den nächsten Monat. Verwenden Sie eine App, eine Tabellenkalkulation oder Stift und Papier. Berücksichtigen Sie alle Einnahmen und Ausgaben und stellen Sie sicher, dass Sie Geld für Ersparnisse und Ziele bereitstellen.

4. Aufgeschobene Belohnung üben

Disziplin erfordert oft, dem Drang nach sofortiger Belohnung zu widerstehen. Aufgeschobene Befriedigung ist die Fähigkeit, auf kurzfristige Freuden für langfristige Gewinne zu verzichten.

Wie man die verzögerte Belohnung praktiziert:

Visualisieren Sie die Zukunft: Erinnern Sie sich daran, wie die Opfer von heute zum Erfolg von morgen führen.

Legen Sie eine Wartezeit fest: Warten Sie 24 Stunden oder länger, bevor Sie nicht lebensnotwendige Anschaffungen tätigen, um zu sehen, ob Sie sie noch brauchen.

Belohnen Sie sich strategisch: Feiern Sie Meilensteine mit geplanten Belohnungen, nicht mit impulsiven Geldgeschenken.

Ihre Aufgabe:

Suchen Sie sich einen Bereich aus, in dem Sie in dieser Woche die aufgeschobene Belohnung praktizieren können. Verzichten Sie zum Beispiel auf ein Essen im Restaurant und stecken Sie das Geld stattdessen in Ihr Sparziel.

5. Aufbau eines Notfallfonds

Ein Notfallfonds ist ein Eckpfeiler der finanziellen Disziplin. Er verhindert, dass unerwartete Ausgaben Ihre Fortschritte zunichte machen oder Sie in die Schuldenfalle treiben.

Schritte zum Aufbau eines Notfallfonds:

   Setzen Sie sich ein Ziel: Streben Sie einen Betrag an, der 3-6 Monate lang die wichtigsten Ausgaben abdeckt.

   Fangen Sie klein an: Selbst 500 bis 1.000 Dollar können einen großen Unterschied machen.

   Sparen automatisieren: Richten Sie eine wiederkehrende Überweisung auf ein spezielles Sparkonto ein.

Ihre Aufgabe:

Wenn Sie noch keinen Notfallfonds haben, eröffnen Sie ein separates Konto für diesen Zweck. Legen Sie fest, wie viel Sie jeden Monat einzahlen können, und richten Sie eine automatische Überweisung ein.

6. Kontrolle impulsiver Ausgaben

Impulskäufe sind eine der größten Bedrohungen für finanzielle Disziplin. Wenn Sie lernen, diese Impulse zu kontrollieren, werden Sie auf Kurs bleiben.

Tipps zur Eindämmung von Impulsausgaben:

   Verwenden Sie nur Bargeld: Nehmen Sie beim Einkaufen nur das Bargeld mit, das Sie ausgeben möchten.

   Abmelden: Melden Sie sich von E-Mail-Listen oder Apps ab, die für Verkäufe und Rabatte werben.

   Fragen Sie sich selbst: "Brauche ich das, oder will ich es nur?"

Ihre Aufgabe:

Wenn Sie das nächste Mal den Drang verspüren, einen Spontankauf zu tätigen, halten Sie inne und notieren Sie den Gegenstand und den Grund, warum Sie ihn haben möchten. Warten Sie mindestens 24 Stunden, bevor Sie sich entscheiden.

7. Automatisieren Sie Ihren Finanzplan

Die Automatisierung nimmt der finanziellen Disziplin das Rätselraten ab. Durch die Automatisierung von Ersparnissen, Rechnungszahlungen und Investitionen verringern Sie das Risiko, etwas zu vergessen oder zu viel auszugeben.

Tipps zur Automatisierung:

   Sparen: Richten Sie eine direkte Einzahlung oder eine wiederkehrende Überweisung auf Ihr Sparkonto ein.

Rechnungen: Automatisieren Sie Zahlungen, um Säumnisgebühren zu vermeiden.

Investitionen: Nutzen Sie eine App oder einen Makler, um jeden Monat einen festen Betrag zu investieren.

Ihre Aufgabe:

Bestimmen Sie einen Aspekt Ihrer Finanzen, den Sie diese Woche automatisieren wollen, z. B. Sparen oder Rechnungszahlungen.

8. Überwindung finanzieller Rückschläge

Selbst mit den besten Absichten passiert das Leben. Der Schlüssel ist, aus Rückschlägen zu lernen und seinen Plan anzupassen, ohne aufzugeben.

Schritte zum Wiederaufschwung:

Bewerten Sie den Schaden: Wie stark hat sich der Rückschlag auf Ihre Finanzen ausgewirkt?

Passen Sie Ihren Plan an: Überprüfen Sie Ihr Budget und Ihre Ziele, um den Rückschlag zu berücksichtigen.

Bleiben Sie positiv: Konzentrieren Sie sich auf den Fortschritt, nicht auf die Perfektion.

Ihre Aufgabe:

Denken Sie an einen vergangenen finanziellen Rückschlag. Schreiben Sie auf, was Sie aus dieser Erfahrung gelernt haben und wie Sie diese Lektion in Zukunft anwenden können.

9. Stärkung Ihrer finanziellen Denkweise

Finanzielle Disziplin ist ebenso sehr eine Frage der Einstellung wie der Strategie. Eine disziplinierte Einstellung hilft Ihnen, auch dann engagiert zu bleiben, wenn sich der Weg schwierig anfühlt.

Tipps zur Denkweise:

   Feiern Sie den Fortschritt: Erkennen Sie Ihre Erfolge an, auch wenn sie noch so klein sind.

   Bilden Sie sich weiter: Informieren Sie sich über persönliche Finanzen durch Bücher, Podcasts oder Kurse.

   Üben Sie sich in Dankbarkeit: Konzentrieren Sie sich auf das, was Sie haben, nicht auf das, was Ihnen fehlt.

Ihre Aufgabe:

Schreiben Sie in dieser Woche jeden Tag einen finanziellen Erfolg auf, den Sie erzielt haben, und sei er noch so klein. Zum Beispiel: "Ich habe heute keinen Kaffee gekauft und 5 Dollar gespart."

10. Die Belohnungen der finanziellen Disziplin

Wenn Sie konsequent finanzielle Disziplin üben, werden Sie Belohnungen erfahren, die weit über die Zahlen auf einem Bankkonto hinausgehen.

Langfristige Vorteile:

   Freiheit: Weniger finanzielle Sorgen bedeuten mehr Möglichkeiten, dem nachzugehen, was man liebt.

   Sicherheit: Ein Notfallfonds und Ersparnisse sorgen für Sicherheit.

   Wachstum: Wenn Sie Ihr Geld anlegen, kann es im Laufe der Zeit für Sie arbeiten.

   Selbstvertrauen: Das Erreichen von Zielen stärkt das Selbstvertrauen und das Gefühl, etwas erreicht zu haben.

Abschließende Überlegungen

Der Aufbau finanzieller Disziplin ist eine Reise, kein Ziel. Wenn Sie sich klare Ziele setzen, Ihr Geld bewusst verwalten und sich an Ihren Plan halten, schaffen Sie eine Grundlage für dauerhaften finanziellen Erfolg.

Im nächsten Kapitel werden wir uns mit der emotionalen Intelligenz und ihrer Rolle bei der Überwindung schlechter Gewohnheiten befassen. Konzentrieren Sie sich vorerst auf Ihre finanziellen Erfolge und machen Sie weiter - Ihr zukünftiges Ich wird es Ihnen danken!

Kapitel 9:
Die Wohlstandsmentalität

Willkommen zu Kapitel 9! In diesem Kapitel befassen wir uns mit dem transformativen Konzept der Wohlstandsmentalität. Bei Reichtum geht es nicht nur um das Geld auf Ihrem Bankkonto - es ist eine Denkweise, eine Reihe von Überzeugungen und ein disziplinierter Ansatz, um Wohlstand zu schaffen und zu erhalten. Die Entwicklung einer Wohlstandsmentalität verlagert Ihren Fokus von Knappheit und kurzfristiger Befriedigung auf Überfluss und langfristiges Wachstum.

In diesem Kapitel zeige ich Ihnen, wie Sie einschränkende Überzeugungen überdenken, sich Gewohnheiten aneignen, die auf finanzielles Wachstum ausgerichtet sind, und praktische Schritte unternehmen, um eine Denkweise zu kultivieren, die sowohl den finanziellen als auch den persönlichen Erfolg begünstigt.

1. Was ist ein Wealth Mindset?

Eine Wohlstandsmentalität ist eine Lebenseinstellung und -haltung, die sich auf Chancen, Überfluss und Wachstum konzentriert. Es geht nicht darum, wohlhabend geboren zu werden oder sofort reich zu sein - es geht darum, so zu denken und sich so zu verhalten, dass man mit der Zeit auf natürliche Weise finanziell erfolgreich wird.

Die Grundprinzipien der Wohlstandsmentalität:

Fülle statt Knappheit: Die Überzeugung, dass genug für alle da ist, auch für Sie, verhindert Neid und fördert kreative Problemlösungen.

Wachstum statt starrer Denkweise: Herausforderungen als Chancen zum Lernen und Wachsen sehen, nicht als unüberwindbare Hindernisse.

Langfristiger Fokus: Vorrang von Investitionen, Einsparungen und strategischen Entscheidungen vor flüchtigen Vergnügungen.

Eigenverantwortung übernehmen: Erkennen, dass Ihre finanzielle Zukunft von Ihrem Handeln abhängt, nicht von äußeren Umständen.

Ihre Aufgabe:

Schreiben Sie auf, was Reichtum für Sie über Geld hinaus bedeutet. Ist es Freiheit, Sicherheit, die Fähigkeit, großzügig zu geben, oder etwas anderes?

2. Begrenzende Überzeugungen über Geld neu formulieren

Begrenzende Glaubenssätze über Geld sind mentale Blockaden, die Sie davon abhalten können, finanziellen Erfolg zu erzielen. Diese Überzeugungen wurzeln oft in Kindheitserfahrungen oder gesellschaftlichen Botschaften. Um eine vermögende Denkweise zu entwickeln, müssen Sie diese einschränkenden Gedanken identifizieren und neu formulieren.

Häufige einschränkende Überzeugungen:

"Geld ist die Wurzel allen Übels".

Umdenken: "Geld ist ein Werkzeug, das positive Veränderungen in meinem Leben und im Leben anderer bewirken kann."

"Ich kann nur schlecht mit Geld umgehen."

Neu formulieren: "Ich lerne jeden Tag, meine Finanzen besser zu verwalten."

"Reichtum ist etwas für glückliche Menschen, nicht für mich."

Umdenken: "Reichtum entsteht durch konsequente Anstrengung und kluge Entscheidungen, und ich bin zu beidem in der Lage."

Ihre Aufgabe:

Schreiben Sie eine einschränkende Überzeugung auf, die Sie in Bezug auf Geld haben. Formulieren Sie sie dann in eine positive, ermächtigende Aussage um.

3. Gewohnheiten für eine Wohlstandsmentalität kultivieren

Bei einer wohlhabenden Einstellung geht es nicht nur darum, was Sie denken - es geht darum, was Sie konsequent tun. Gewohnheiten sind die Bausteine des Erfolgs, und kleine tägliche Handlungen können im Laufe der Zeit zu einem erheblichen finanziellen Wachstum führen.

Wohlstandsfördernde Gewohnheiten:

   Tägliche Dankbarkeit: Beginnen oder beenden Sie Ihren Tag, indem Sie drei Dinge aufschreiben, für die Sie dankbar sind. Dankbarkeit verlagert Ihren Fokus von Mangel auf Fülle.

   Verfolgen Sie Ihre Finanzen: Überprüfen Sie regelmäßig Ihre Einnahmen, Ausgaben und Ersparnisse, um informiert zu bleiben und die Kontrolle zu behalten.

   Investieren Sie in sich selbst: Investieren Sie Zeit und Ressourcen in Ihr persönliches und berufliches Wachstum, z. B. in das Erlernen neuer Fähigkeiten oder in die Vernetzung.

   Erfahren Sie mehr über Geld: Lesen Sie Bücher, hören Sie Podcasts oder besuchen Sie Kurse über persönliche Finanzen und Investitionen.

Ihre Aufgabe:

Wählen Sie eine neue Gewohnheit zum Vermögensaufbau, die Sie diese Woche übernehmen wollen. Schreiben Sie auf, wie Sie sie umsetzen werden, und verpflichten Sie sich, sie täglich zu praktizieren.

4. Verlagerung des Schwerpunkts von Ausgaben auf Investitionen

Eine vermögensorientierte Denkweise gibt dem Investieren den Vorrang vor dem Ausgeben. Während Ausgaben für kurzfristige Befriedigung sorgen, sorgen Investitionen für langfristigen Wohlstand und Sicherheit. Dabei geht es nicht nur um finanzielle Investitionen, sondern auch um Investitionen in Ihre Fähigkeiten, Gesundheit und Beziehungen.

Arten von Investitionen:

Finanzielle Investitionen: Aktien, Immobilien, Investmentfonds oder die Gründung eines Unternehmens.

Selbstentfaltung: Ausbildung, Zertifizierungen oder persönliches Coaching.

Beziehungen: Aufbau sinnvoller Beziehungen, die Ihr Leben bereichern und Ihnen Türen öffnen.

Ihre Aufgabe:

Finden Sie einen Bereich in Ihrem Leben, in dem Sie den Schwerpunkt von Ausgaben auf Investitionen verlagern können. Anstatt neue Kleidung zu kaufen, könnten Sie beispielsweise in einen Online-Kurs investieren, um Ihre Karriere voranzutreiben.

5. Sich in Geduld und aufgeschobener Belohnung üben

Die Wohlstandsmentalität erfordert Geduld. Der Aufbau von Wohlstand ist ein Marathon, kein Sprint, und eine verzögerte Belohnung ist unerlässlich, um große finanzielle Ziele zu erreichen.

Wie man die verzögerte Belohnung praktiziert:

Visuelle Ziele schaffen: Nutzen Sie Vision Boards oder Apps, um Ihre finanziellen Ziele im Blick zu behalten.

Feiern Sie Meilensteine: Belohnen Sie sich für das Erreichen von Spar- oder Investitionsmeilensteinen mit geplanten, bescheidenen Belohnungen.

Erinnern Sie sich an Ihr "Warum": Erinnern Sie sich immer wieder an das große Ganze - Freiheit, Sicherheit oder das Hinterlassen eines Vermächtnisses.

Ihre Aufgabe:

Schreiben Sie ein kurzfristiges finanzielles Opfer auf, das Sie bereit sind, für ein langfristiges Ziel zu bringen. Zum Beispiel: "Ich werde diesen Monat weniger auswärts essen, um 300 Dollar für meinen Notfallfonds zu sparen."

6. Umgeben Sie sich mit den richtigen Einflüssen

Ihr Umfeld spielt eine wichtige Rolle bei der Gestaltung Ihrer Denkweise. Umgeben Sie sich mit Menschen, Ressourcen und Einflüssen, die Sie inspirieren und Ihr finanzielles Wachstum unterstützen.

Tipps für ein vermögensförderndes Umfeld:

Gemeinschaften beitreten: Schließen Sie sich mit Gleichgesinnten in persönlichen Finanz- oder Investmentgruppen zusammen.

Suchen Sie sich Mentoren: Lernen Sie von denjenigen, die finanziell erfolgreich sind.

Negative Einflüsse begrenzen: Verringern Sie den Kontakt mit Menschen oder Medien, die übermäßige Ausgaben oder ein Denken der Knappheit fördern.

Ihre Aufgabe:

Suchen Sie sich diese Woche eine neue Inspirationsquelle - ein Buch, einen Podcast oder eine Community -, die mit der Wohlstandsmentalität übereinstimmt.

7. Die Rolle der Großzügigkeit in der Reichtumsmentalität

Bei Reichtum geht es nicht nur um die Anhäufung von Vermögen, sondern auch darum, seine Ressourcen zu nutzen, um etwas Positives zu bewirken. Großzügigkeit fördert den Reichtum, indem sie zeigt, dass es immer genug zu geben gibt.

Wege, Großzügigkeit zu praktizieren:

Zeit: Engagieren Sie sich ehrenamtlich für Dinge, die Ihnen wichtig sind.

Wissen: Teilen Sie finanzielle Tipps oder Ratschläge mit anderen.

Geld: Spenden Sie an Wohltätigkeitsorganisationen, Spendensammler oder Bedürftige.

Ihre Aufgabe:

Verpflichten Sie sich diese Woche zu einem Akt der Großzügigkeit. Es muss nicht unbedingt etwas Finanzielles sein - Zeit oder Wissen sind genauso wertvoll.

8. Fortschritte messen und Siege feiern

Die Entwicklung einer Wohlstandsmentalität ist ein fortlaufender Prozess, und es ist wichtig, dass Sie Ihre Fortschritte auf diesem Weg anerkennen. Kleine Erfolge zu feiern, hält Sie motiviert und stärkt positive Gewohnheiten.

Tipps zur Fortschrittsmessung:

Verfolgen Sie Ihr Nettovermögen: Überprüfen Sie regelmäßig Ihr Vermögen und Ihre Verbindlichkeiten.

Setzen Sie Etappenziele: Unterteilen Sie langfristige Ziele in kleinere Erfolge.

Reflektieren Sie Ihr Wachstum: Nehmen Sie sich Zeit, um zu erkennen, wie weit Sie gekommen sind.

Ihre Aufgabe:

Überprüfen Sie Ihre finanziellen Fortschritte im vergangenen Monat. Schreiben Sie einen Bereich auf, in dem Sie sich verbessert haben, und einen kleinen Erfolg, den Sie feiern können.

9. Die langfristigen Auswirkungen einer Wohlstandsmentalität

Eine Wohlstandsmentalität verändert nicht nur Ihre Finanzen, sondern auch Ihr Leben. Sie eröffnet Chancen, reduziert Stress und ermöglicht es Ihnen, zielgerichtet und bewusst zu leben.

Vorteile einer Wohlstandsmentalität:

Finanzielle Sicherheit: Ein stabiles Fundament für die Unwägbarkeiten des Lebens.

Wahlfreiheit: Die Möglichkeit, ohne finanzielle Zwänge seinen Leidenschaften nachzugehen.

Aufbau eines Vermächtnisses: Chancen für künftige Generationen schaffen.

Abschließende Überlegungen

Die Kultivierung einer vermögensorientierten Einstellung ist eine der stärksten Veränderungen, die Sie in Ihrem Leben vornehmen können. Wenn Sie Ihre Überzeugungen überdenken, sich vermögensbildende Gewohnheiten aneignen und sich auf langfristiges Wachstum konzentrieren, werden Sie nicht nur finanziell erfolgreich sein, sondern auch ein Leben in Fülle und mit Sinn führen.

Im nächsten Kapitel werden wir uns mit der emotionalen Intelligenz befassen - wie die Beherrschung Ihrer Emotionen Ihnen dabei helfen kann, schlechte Gewohnheiten abzulegen, bessere Beziehungen aufzubauen und in allen Lebensbereichen mehr Erfolg zu haben. Machen Sie weiter so - Sie sind auf dem Weg in eine reichere, erfülltere Zukunft!

Kapitel 10: Emotionale Intelligenz (EQ) verstehen

Willkommen zu Kapitel 10, in dem wir uns auf die emotionale Intelligenz (EQ) konzentrieren, eine wesentliche Fähigkeit für persönliches Wachstum und Erfolg. EQ wird oft als die Fähigkeit beschrieben, die eigenen Emotionen zu erkennen, zu verstehen und zu steuern und auch die Emotionen anderer zu verstehen und zu beeinflussen. Während der IQ die kognitive Intelligenz misst, bestimmt der EQ, wie gut Sie sich in Beziehungen zurechtfinden, mit Stress umgehen und Entscheidungen treffen - Schlüsselfaktoren, um schlechte Gewohnheiten abzulegen und ein bewussteres Leben zu führen.

In diesem Kapitel helfe ich Ihnen, die Komponenten des EQ zu verstehen, Ihre derzeitige emotionale Intelligenz einzuschätzen und praktische Möglichkeiten zu finden, sie zu verbessern.

1. Was ist emotionale Intelligenz (EQ)?

Emotionale Intelligenz ist die Grundlage für effektive Kommunikation, Entscheidungsfindung und Widerstandsfähigkeit. Menschen mit einem hohen EQ neigen dazu, ihr Leben besser zu meistern, sei es in Beziehungen, bei der Arbeit oder bei persönlichen Gewohnheiten.

Die fünf Kernkomponenten des EQ:

Selbst-Bewusstsein: Erkennen Sie Ihre Gefühle und verstehen Sie, wie sie Ihre Gedanken und Ihr Verhalten beeinflussen.

Selbstregulierung: Impulsive Gefühle und Verhaltensweisen kontrollieren, ruhig bleiben und sich an veränderte Umstände anpassen.

Motivation: Trotz Rückschlägen die Motivation behalten, um Ziele zu erreichen.

Einfühlungsvermögen: Verständnis für die Gefühle anderer und Teilhabe an ihnen, Förderung der Verbundenheit und des Mitgefühls.

Soziale Fertigkeiten: Aufbau gesunder Beziehungen, Lösung von Konflikten und effektive Beeinflussung anderer.

Ihre Aufgabe:

Denken Sie über eine emotionale Reaktion nach, die Sie kürzlich hatten. Notieren Sie die Situation, Ihre Gefühle und wie sie Ihr Verhalten beeinflusst haben. Ermitteln Sie, welche EQ-Komponente im Spiel war.

2. Warum EQ für die Umkehrung schlechter Gewohnheiten wichtig ist

Ihr emotionaler Zustand steuert oft Ihre Gewohnheiten - sei es Stressessen, Aufschieben oder das Vermeiden von schwierigen Gesprächen. Indem Sie Ihren EQ verbessern, erhalten Sie das Rüstzeug, um emotionale Auslöser zu erkennen und überlegt statt reaktiv zu reagieren.

Beispiele für EQ in Aktion:

Selbst-Bewusstsein: Erkennen, dass Langeweile dazu führt, dass man gedankenlos nascht.

Selbstregulierung: Dem Impuls widerstehen, nach einem stressigen Tag einen emotionalen Kauf zu tätigen.

Einfühlungsvermögen: Verständnis für die Gefühle des Partners, was zu einer gesünderen Kommunikation anstelle von Konflikten führt.

Ihre Aufgabe:

Bestimmen Sie eine Gewohnheit, die Sie ablegen möchten. Fragen Sie sich: "Welche Emotionen treiben dieses Verhalten normalerweise an?" Schreiben Sie Ihre Gedanken auf.

3. Bewertung Ihrer emotionalen Intelligenz

Um Ihren EQ zu verbessern, müssen Sie zunächst wissen, wo Sie derzeit stehen. Die Bewertung Ihrer Stärken und Schwächen in jeder Komponente wird Ihnen einen Fahrplan für Ihr Wachstum liefern.

Fragen zur Selbsteinschätzung:

Selbsterkenntnis: Wie gut verstehe ich meine Gefühle? Kann ich sie genau benennen?

Selbstregulierung: Wie oft handle ich impulsiv? Kann ich unter Druck ruhig bleiben?

Motivation: Setze und erreiche ich sinnvolle Ziele?

Empathie: Wie oft berücksichtige ich die Gefühle anderer Menschen, bevor ich handle?

Soziale Fertigkeiten: Kommuniziere ich effektiv und löse ich Konflikte konstruktiv?

Ihre Aufgabe:

Bewerten Sie sich selbst auf einer Skala von 1 bis 10 für jede EQ-Komponente. Markieren Sie die Bereiche, in denen Sie sich verbessern möchten.

4. Entwicklung des Selbstbewusstseins

Selbsterkenntnis ist der Grundstein für emotionale Intelligenz. Wenn Sie sich Ihrer Emotionen bewusst sind, können Sie deren Auswirkungen verstehen und Ihr Handeln steuern.

Wie man Selbstvertrauen aufbaut:

Führen Sie ein Tagebuch: Schreiben Sie täglich Ihre Gefühle und die Situationen auf, die sie ausgelöst haben.

Innehalten und nachdenken: Wenn Sie ein starkes Gefühl empfinden, nehmen Sie sich einen Moment Zeit, um es zu erkennen, bevor Sie reagieren.

Holen Sie Feedback ein: Fragen Sie vertrauenswürdige Freunde oder Kollegen, wie sie Ihre emotionalen Reaktionen wahrnehmen.

Ihre Aufgabe:

Führen Sie eine Woche lang Buch über Ihre Gefühle. Notieren Sie Muster - gibt es bestimmte Auslöser, die zu Frustration, Traurigkeit oder Freude führen?

5. Beherrschung der Selbstregulierung

Bei der Selbstregulierung geht es darum, Ihre Emotionen effektiv zu steuern, damit sie nicht Ihr Handeln bestimmen. Es geht um die Fähigkeit, innezuhalten, zu reflektieren und die eigene Reaktion bewusst zu wählen.

Techniken für eine bessere Selbstregulierung:

Atemübungen: Üben Sie tiefes Atmen, um sich in stressigen Situationen zu beruhigen.

Negative Gedanken neu formulieren: Ersetzen Sie "Ich werde nie erfolgreich sein" durch "Ich lerne und verbessere mich".

Setzen Sie Grenzen: Vermeiden Sie Umgebungen oder Situationen, die zu emotionalen Auslösern führen.

Ihre Aufgabe:

Bestimmen Sie eine Situation, in der Sie dazu neigen, impulsiv zu reagieren. Planen Sie eine spezifische Strategie, um Ihre Emotionen zu regulieren, wenn die Situation das nächste Mal eintritt.

6. Empathie aufbauen

Empathie stärkt Beziehungen, indem sie Ihnen hilft, andere zu verstehen und sich mit ihnen zu verbinden. Sie ermöglicht es Ihnen, Situationen aus deren Perspektive zu sehen und mit Mitgefühl zu reagieren.

Wie man Empathie entwickelt:

   Aktives Zuhören: Konzentrieren Sie sich voll und ganz auf das, was die andere Person sagt, ohne zu unterbrechen oder Ihre Antwort zu planen.

   Stellen Sie Fragen: Versuchen Sie zu verstehen, nicht zu urteilen. Zum Beispiel: "Was war in letzter Zeit eine Herausforderung für Sie?"

   Üben Sie sich in der Perspektivenübernahme: Versetzen Sie sich in die Situation der anderen Person.

Ihre Aufgabe:

Führen Sie diese Woche ein Gespräch, bei dem Sie sich ganz auf das Zuhören und das Verstehen der Perspektive des anderen konzentrieren. Denken Sie darüber nach, wie Sie sich dabei gefühlt haben.

7. Steigerung der Motivation

Motivation ist das, was Sie vorwärts bringt, auch wenn Herausforderungen auftreten. High-EQ-Personen bleiben motiviert, indem sie ihre Handlungen mit ihren Werten und Zielen in Einklang bringen.

Tipps zur Steigerung der Motivation:

Setzen Sie klare Ziele: Stellen Sie sicher, dass Ihre Ziele spezifisch, messbar, erreichbar, relevant und zeitlich begrenzt sind (SMART).

Visualisieren Sie den Erfolg: Stellen Sie sich regelmäßig vor, wie das Erreichen Ihres Ziels aussehen und sich anfühlen wird.

Verfolgen Sie den Fortschritt: Feiern Sie kleine Erfolge, um den Schwung beizubehalten.

Ihre Aufgabe:

Schreiben Sie ein langfristiges Ziel und drei kurzfristige Schritte auf, die Sie diese Woche unternehmen werden, um darauf hinzuarbeiten.

8. Verbesserung der sozialen Kompetenzen

Starke soziale Kompetenzen sind für den Aufbau gesunder Beziehungen und die Lösung von Konflikten unerlässlich. Sie ermöglichen es Ihnen, effektiv zu kommunizieren und die Zusammenarbeit zu fördern.

Wie man soziale Fähigkeiten verbessert:

Üben Sie klare Kommunikation: Verwenden Sie "Ich"-Aussagen, um Gefühle und Bedürfnisse auszudrücken, ohne anderen die Schuld zu geben.

Lernen Sie Konfliktlösung: Konzentrieren Sie sich auf Lösungen, anstatt sich mit Problemen aufzuhalten.

Zeigen Sie Wertschätzung: Erkennen Sie die Beiträge anderer an und drücken Sie Ihre Dankbarkeit aus.

Ihre Aufgabe:

Finden Sie eine Beziehung, in der die Kommunikation verbessert werden könnte. Üben Sie eine neue Fähigkeit, wie z.B. aktives Zuhören oder das Ausdrücken von Wertschätzung, in Ihrer nächsten Interaktion.

9. Die Vorteile eines hohen EQ

Wenn Sie Ihre emotionale Intelligenz stärken, werden Sie positive Veränderungen in jedem Bereich Ihres Lebens feststellen:

Stärkere Beziehungen: Verbesserte Kommunikation und Einfühlungsvermögen führen zu tieferen Beziehungen.

Bessere Entscheidungsfindung: Emotionen vernebeln nicht mehr Ihr Urteilsvermögen.

Widerstandsfähigkeit: Sie werden sich von Rückschlägen mit Zuversicht erholen.

Gesündere Gewohnheiten: Sie werden effektiver mit Auslösern umgehen und weniger auf ungesunde Bewältigungsmechanismen zurückgreifen.

Ihre Aufgabe:

Überlegen Sie, wie die Verbesserung Ihres EQ Ihr Leben positiv beeinflussen könnte. Schreiben Sie einen bestimmten Bereich auf, in dem Sie sich gerne verbessern würden.

Abschließende Überlegungen

Das Verstehen und Verbessern Ihrer emotionalen Intelligenz ist eine der wertvollsten Investitionen, die Sie in sich selbst tätigen können. EQ hilft Ihnen nicht nur, Ihre Emotionen zu managen - er befähigt Sie, Herausforderungen zu meistern, sinnvolle Beziehungen aufzubauen und Ihr Leben nachhaltig zu verändern.

Im nächsten Kapitel werden wir alles zusammenführen, indem wir untersuchen, wie diese Strategien für emotionale Intelligenz, finanzielle Disziplin und das Durchbrechen von Gewohnheiten eine ganzheitliche Veränderung bewirken können. Sie leisten unglaubliche Arbeit - machen Sie weiter!

Kapitel 11: Ersetzen von Reaktivität durch Reaktion

Willkommen zu Kapitel 11! In diesem Kapitel befassen wir uns mit einer Fähigkeit, die Ihre Beziehungen, Ihre Entscheidungsfindung und Ihre allgemeine Lebenszufriedenheit drastisch verbessern kann: das Ersetzen von Reaktivität durch überlegtes Handeln. Reaktivität ist eine reflexartige, emotionale Reaktion auf einen Reiz, die oft auf Gewohnheit oder Stress zurückzuführen ist. Im Gegensatz dazu ist eine Reaktion eine bewusste und absichtliche Handlung, die nach reiflicher Überlegung erfolgt.

Wenn Sie den Kreislauf der Reaktivität durchbrechen, können Sie die Kontrolle über Ihr Handeln zurückgewinnen, Ihre Interaktionen mit anderen verbessern und Gewohnheiten kultivieren, die auf Ihre langfristigen Ziele ausgerichtet sind. Sehen wir uns an, wie Sie diese wichtige Fähigkeit entwickeln können.

1. Der Unterschied zwischen Reaktivität und Reaktion

Reaktivität ist oft auf emotionale Auslöser, Stress oder tief verwurzelte Gewohnheiten zurückzuführen. Sie ist impulsiv und führt häufig zu Bedauern oder verpassten Chancen. Reaktionen hingegen beruhen auf Bewusstsein und Absicht.

Merkmale der Reaktivität:

    Schnelles, unüberlegtes Handeln.

    Getrieben von starken Emotionen (Wut, Angst, Frustration).

    Oft eskaliert er Konflikte oder verschlimmert Situationen.

    Lässt wenig Raum für kritisches Denken oder Kreativität.

Merkmale der Reaktion:

Überlegtes und bewusstes Handeln.

Sie beruht auf Selbsterkenntnis und Emotionsregulierung.

Konzentriert sich auf Problemlösungen und positive Ergebnisse.

Stärkt die Beziehungen und schafft Vertrauen.

Ihre Aufgabe:

Denken Sie an eine Situation, in der Sie kürzlich impulsiv reagiert haben. Schreiben Sie auf, was passiert ist, wie Sie sich gefühlt haben und wie es ausgegangen ist. Stellen Sie sich dann vor, wie die Situation verlaufen wäre, wenn Sie stattdessen reagiert hätten.

2. Erkennen von emotionalen Auslösern

Der erste Schritt, um Reaktivität durch Reaktion zu ersetzen, besteht darin, herauszufinden, was Sie auslöst. Emotionale Auslöser sind Stimuli, die starke, oft automatische Reaktionen hervorrufen.

Häufige Auslöser:

Externe Auslöser: Kritik, Ablehnung, stressige Umgebungen.

Interne Auslöser: Selbstzweifel, Versagensängste, frühere Erfahrungen.

Wie Sie Ihre Auslöser identifizieren können:

Schreiben Sie Ihre Reaktionen auf: Führen Sie ein Tagebuch über Momente, in denen Sie das Gefühl haben, impulsiv zu reagieren. Notieren Sie, was Sie ausgelöst haben und wie Sie sich gefühlt haben.

Denken Sie über Muster nach: Suchen Sie nach wiederkehrenden Themen in Ihren Reaktionen.

Achten Sie auf körperliche Anzeichen: Achten Sie auf körperliche Empfindungen wie Herzrasen, geballte Fäuste oder eine angespannte Brust - sie signalisieren oft eine emotionale Aktivierung.

Ihre Aufgabe:

Nennen Sie einen emotionalen Auslöser und beschreiben Sie, wie er sich typischerweise auf Ihr Verhalten auswirkt. Überlegen Sie, warum sich dieser Auslöser auf Sie auswirkt und welche zugrunde liegenden Emotionen er hervorruft.

3. Das Üben der Pause

Das Innehalten ist Ihr mächtigstes Werkzeug, um von der Reaktion zur Antwort zu gelangen. Sie schafft Raum für Bewusstsein und bewusstes Handeln.

Wie man die Pause übt:

Atmen Sie durch: In Momenten emotionaler Intensität atmen Sie dreimal langsam und tief durch, um Ihr Nervensystem zu beruhigen.

Benennen Sie Ihre Emotion: Benennen Sie Ihre Gefühle (z. B. "Ich bin frustriert"), um Ihre Selbstwahrnehmung zu verbessern.

Stellen Sie eine Frage: Bevor Sie handeln, fragen Sie sich: "Was will ich in dieser Situation erreichen?"

Ihre Aufgabe:

Wenn Sie das nächste Mal das Gefühl haben, dass Sie kurz davor sind, zu reagieren, üben Sie das Innehalten. Schreiben Sie auf, was Sie getan haben und wie es das Ergebnis beeinflusst hat.

4. Reframing negativer Gedanken

Reaktivität wird oft durch negative oder verzerrte Denkmuster angeheizt. Wenn Sie lernen, diese Gedanken neu zu formulieren, können Sie Ihre Perspektive ändern und effektiver reagieren.

Häufige negative Denkmuster:

Katastrophisieren: Die Erwartung des schlimmstmöglichen Ergebnisses.

Umdenken: "Was ist das wahrscheinlichste Ergebnis, und wie kann ich mich darauf vorbereiten?"

Personalisierung: Die Annahme, dass sich die Handlungen anderer auf einen selbst beziehen.

Umdenken: "Es geht nicht um mich - es spiegelt ihren Geisteszustand wider."

Schwarz-Weiß-Denken: Situationen als nur gut oder nur schlecht zu betrachten.

Neu formulieren: "Es gibt Grautöne - was ist der Mittelweg?"

Ihre Aufgabe:

Schreiben Sie einen negativen Gedanken aus der letzten Zeit auf und wandeln Sie ihn in eine konstruktive oder neutrale Perspektive um.

5. Emotionale Widerstandsfähigkeit aufbauen

Emotionale Resilienz hilft Ihnen, angesichts von Herausforderungen ruhig und gelassen zu bleiben, und verringert die Wahrscheinlichkeit reaktiven Verhaltens.

Strategien zum Aufbau von Resilienz:

Üben Sie Achtsamkeit: Regelmäßige Meditation oder Achtsamkeitsübungen schärfen Ihr Bewusstsein für Gedanken und Gefühle.

Entwickeln Sie Bewältigungsstrategien: Verfügen Sie über bewährte Techniken, wie z. B. Tagebuch schreiben, Sport treiben oder mit einem Freund sprechen, um Gefühle konstruktiv zu verarbeiten.

Optimismus kultivieren: Konzentrieren Sie sich auf Lösungen, anstatt sich mit Problemen aufzuhalten.

Ihre Aufgabe:

Bauen Sie diese Woche eine resilienzfördernde Aktivität in Ihren Tagesablauf ein. Beginnen Sie zum Beispiel jeden Tag mit einer 5-minütigen Achtsamkeitsübung.

6. Nachdenklich kommunizieren

Reaktivität kann Beziehungen schaden, während durchdachte Kommunikation das Verständnis und die Verbindung fördert. Zu lernen, sich klar und respektvoll auszudrücken, ist ein wesentlicher Bestandteil des Reagierens statt des Reagierens.

Tipps für eine durchdachte Kommunikation:

Verwenden Sie "Ich"-Aussagen: Konzentrieren Sie sich auf Ihre Gefühle und Bedürfnisse (z. B. "Ich fühle mich verletzt, wenn...").

Hören Sie aktiv zu: Schenken Sie der anderen Person Ihre volle Aufmerksamkeit, ohne Ihre Antwort zu planen, während sie spricht.

Konzentrieren Sie sich auf Lösungen: Anstatt Schuldzuweisungen vorzunehmen, arbeiten Sie gemeinsam an der Lösung des Problems.

Ihre Aufgabe:

Wenn Sie das nächste Mal ein schwieriges Gespräch führen, üben Sie die Verwendung von "Ich"-Aussagen und aktives Zuhören. Denken Sie darüber nach, wie es die Interaktion beeinflusst hat.

7. Selbstmitgefühl üben

Reaktivität ist oft auf Selbstkritik oder Gefühle der Unzulänglichkeit zurückzuführen. Wenn Sie sich in Selbstmitgefühl üben, können Sie sich selbst mit Freundlichkeit und Geduld behandeln, was es Ihnen erleichtert, konstruktiv zu reagieren.

Wie man Selbstmitgefühl praktiziert:

Erkennen Sie Ihre Menschlichkeit an: Erinnern Sie sich daran, dass jeder Mensch Fehler macht und vor Herausforderungen steht.

Selbstkritik in Frage stellen: Ersetzen Sie harte Urteile durch unterstützende Gedanken.

Achten Sie auf sich selbst: Priorisieren Sie Aktivitäten, die Ihren Körper und Geist nähren.

Ihre Aufgabe:

Schreiben Sie einen Fehler auf, den Sie kürzlich gemacht haben. Anstatt sich selbst zu kritisieren, schreiben Sie eine freundliche und verständnisvolle Nachricht an sich selbst, als ob Sie mit einem Freund sprechen würden.

8. Ersetzen von Gewohnheiten der Reaktivität

Die Gewohnheit der Reaktivität zu durchbrechen, erfordert Beständigkeit und bewusste Übung. Je mehr Sie sich für durchdachte Reaktionen entscheiden, desto natürlicher werden sie.

Schritte zur Ersetzung der Reaktivität:

Erkennen Sie reaktive Verhaltensmuster: Achten Sie auf bestimmte Situationen, in denen Sie häufig impulsiv reagieren.

Neue Skripte erstellen: Entwickeln Sie bewusste Reaktionen auf häufige Auslöser.

Regelmäßig üben: Nutzen Sie Situationen mit geringem Risiko, um durchdachte Antworten zu üben.

Ihre Aufgabe:

Wählen Sie eine reaktive Gewohnheit, die Sie ändern möchten. Schreiben Sie ein neues Skript oder eine Reaktion auf, die Sie in der nächsten Situation anwenden werden.

9. Langfristige Vorteile durchdachter Antworten

Wenn Sie Reaktivität durch Reaktion ersetzen, werden Sie in vielen Bereichen Ihres Lebens Verbesserungen feststellen:

Stärkere Beziehungen: Andere werden Ihrem maßvollen Vorgehen vertrauen und es respektieren.

Bessere Entscheidungen: Durchdachtes Handeln führt zu effektiveren Resultaten.

Geringerer Stress: Sie haben mehr Kontrolle über Ihre Emotionen und Verhaltensweisen.

Verbessertes Selbstwertgefühl: Eine durchdachte Reaktion stärkt das Gefühl der persönlichen Selbstbestimmung.

Abschließende Überlegungen

Zu lernen, Reaktivität durch Reaktion zu ersetzen, ist eine transformative Fähigkeit, die Ihnen ein Leben lang helfen wird. Indem Sie sich in Selbsterkenntnis üben, Resilienz aufbauen und eine durchdachte Kommunikation entwickeln, übernehmen Sie die Kontrolle über Ihre Handlungen und erzielen in jedem Bereich Ihres Lebens positivere Ergebnisse.

Im nächsten Kapitel werden wir untersuchen, wie man diese Veränderungen aufrechterhalten und alle Lektionen aus diesem Buch in einen umfassenden Plan für langfristigen Erfolg integrieren kann. Machen Sie weiter so - Sie beherrschen die Kunst des bewussten Lebens!

Kapitel 12: Stärkung der Beziehungen durch emotionale Intelligenz (EQ)

In diesem Kapitel werden wir untersuchen, wie emotionale Intelligenz (EQ) Ihre Beziehungen verändern kann, egal ob es sich um Beziehungen zu Familie, Freunden, Kollegen oder Liebespartnern handelt. Beziehungen gedeihen, wenn sie auf Vertrauen, Einfühlungsvermögen und effektiver Kommunikation beruhen - Schlüsselkompetenzen, die Sie mit Hilfe des EQ beherrschen. Bei der Stärkung Ihrer Beziehungen geht es nicht nur darum, Konflikte zu vermeiden, sondern auch darum, tiefere Verbindungen zu schaffen, die Ihr Leben bereichern und Ihr persönliches Wachstum fördern.

Lassen Sie uns in praktische Strategien eintauchen, um den EQ zu nutzen, um bedeutungsvolle Beziehungen zu pflegen und zu erhalten.

1. Die Rolle des EQ in Beziehungen

Emotionale Intelligenz bildet die Grundlage für starke Beziehungen. Wenn Sie Ihre eigenen Emotionen und die der anderen verstehen, können Sie Herausforderungen mit Mitgefühl und Klarheit meistern.

Warum EQ wichtig ist:

   Selbst-Bewusstsein: Hilft Ihnen, Ihre emotionalen Bedürfnisse zu verstehen und sie effektiv zu kommunizieren.

   Einfühlungsvermögen: Ermöglicht es Ihnen, die Dinge aus der Perspektive einer anderen Person zu sehen und fördert so das gegenseitige Verständnis.

   Selbstregulierung: Ermöglicht es Ihnen, bei Konflikten ruhig und konstruktiv zu bleiben.

   Soziale Fertigkeiten: Verbessert Ihre Fähigkeit, Beziehungen zu knüpfen, Streitigkeiten zu lösen und gesunde Grenzen zu wahren.

Ihre Aufgabe:

Denken Sie an eine Beziehung, die Sie verbessern möchten. Schreiben Sie auf, wie die fünf Komponenten des EQ bei dieser spezifischen Dynamik helfen könnten.

2. Emotionales Gewahrsein in Beziehungen kultivieren

Selbsterkenntnis ist der Ausgangspunkt für die Stärkung von Beziehungen. Wenn Sie Ihre emotionalen Muster verstehen, können Sie authentischer und effektiver mit anderen interagieren.

Wie man emotionales Bewusstsein kultiviert:

Besinnen Sie sich auf sich selbst: Bevor Sie sich auf ein schwieriges Gespräch einlassen, nehmen Sie sich einen Moment Zeit, um Ihre Gefühle und Beweggründe zu erkennen.

Überwachen Sie emotionale Verhaltensmuster: Achten Sie darauf, wie Sie sich bei bestimmten Menschen oder in bestimmten Situationen fühlen.

Teilen Sie Ihre Gefühle konstruktiv mit: Verwenden Sie "Ich"-Aussagen, um Gefühle auszudrücken, ohne Schuldzuweisungen zu machen (z. B. "Ich fühle mich überfordert, wenn sich Pläne plötzlich ändern.").

Ihre Aufgabe:

Verfolgen Sie eine Woche lang Ihre emotionalen Reaktionen bei Interaktionen mit anderen. Nennen Sie einen Fall, in dem eine bessere Selbstwahrnehmung das Ergebnis hätte verbessern können.

3. Einfühlungsvermögen für tiefere Verbindungen entwickeln

Empathie ist die Brücke zum Verständnis der Perspektiven und Gefühle anderer. Wenn Menschen sich verstanden fühlen, ist es wahrscheinlicher, dass sie Ihnen vertrauen und sich mit Ihnen verbinden.

Wie man Empathie übt:

Hören Sie aktiv zu: Schenken Sie Ihrem Gesprächspartner volle Aufmerksamkeit und achten Sie auf seine Worte, seinen Tonfall und seine Körpersprache.

Bestätigen Sie Gefühle: Erkennen Sie Gefühle an, indem Sie Dinge sagen wie: "Das klingt wirklich frustrierend".

Stellen Sie Fragen mit offenem Ende: Ermutigen Sie zu einem tieferen Austausch mit Fragen wie: "Wie haben Sie sich dabei gefühlt?"

Ihre Aufgabe:

Wählen Sie eine Person in Ihrem Leben, mit der Sie eine tiefere Verbindung aufbauen möchten. Üben Sie bei Ihrem nächsten Gespräch aktives Zuhören und reflektieren Sie, wie es die Interaktion verändert hat.

4. Konfliktmanagement mit emotionaler Intelligenz

Konflikte sind in jeder Beziehung unvermeidlich, aber die Art und Weise, wie Sie damit umgehen, entscheidet darüber, ob sie die Beziehung stärken oder schwächen. EQ hilft Ihnen, Konflikte mit dem Fokus auf Lösung und nicht auf Schuldzuweisung anzugehen.

Schritte zur Konfliktlösung mit EQ:

Ruhig bleiben: Üben Sie sich in Selbstregulierung, indem Sie innehalten, um zu atmen oder sich vorübergehend zurückziehen, wenn die Emotionen hochkochen.

Konzentrieren Sie sich auf das Problem, nicht auf die Person: Vermeiden Sie persönliche Angriffe und konzentrieren Sie sich auf die Lösung des Problems.

Suche nach Win-Win-Lösungen: Streben Sie, wann immer möglich, Ergebnisse an, die den Bedürfnissen beider Parteien entsprechen.

Sich entschuldigen und verzeihen: Gestehen Sie Ihre Fehler ein und lassen Sie Ihren Groll los, um das Vertrauen wiederherzustellen.

Ihre Aufgabe:

Denken Sie an einen aktuellen Konflikt. Schreiben Sie auf, wie Sie diese Schritte hätten anwenden können, um den Konflikt konstruktiver zu lösen.

5. Stärkung der Kommunikationsfähigkeiten

Wirksame Kommunikation ist das Rückgrat einer gesunden Beziehung. EQ gibt Ihnen die Mittel an die Hand, sich klar auszudrücken und gleichzeitig andere zu verstehen.

Tipps für eine wirksame Kommunikation:

Üben Sie Transparenz: Teilen Sie Ihre Gedanken und Gefühle ehrlich, aber respektvoll mit.

Verwenden Sie nonverbale Signale: Halten Sie eine offene Körpersprache und Blickkontakt, um zu zeigen, dass Sie engagiert sind.

Vermeiden Sie Annahmen: Klären Sie Missverständnisse, anstatt voreilige Schlüsse zu ziehen.

Das Timing ist wichtig: Wählen Sie den richtigen Zeitpunkt, um sensible Themen zu besprechen, wenn beide Parteien ruhig und aufnahmefähig sind.

Ihre Aufgabe:

Identifizieren Sie ein wiederkehrendes Kommunikationsproblem in einer wichtigen Beziehung. Planen und üben Sie, wie Sie dieses Problem mit Hilfe dieser Tipps lösen können.

6. Grenzen setzen und respektieren

Gesunde Grenzen schützen Beziehungen, indem sie für gegenseitigen Respekt und Verständnis sorgen. Sie helfen Ihnen, Ihre Energie und Ihr emotionales Wohlbefinden zu kontrollieren und fördern gleichzeitig das Vertrauen.

Wie man Grenzen setzt:

Definieren Sie Ihre Grenzen: Seien Sie sich darüber im Klaren, was Sie sich zutrauen und was die Grenze überschreitet.

Kommunizieren Sie entschlossen, aber freundlich: Verwenden Sie Aussagen wie: "Ich brauche abends etwas Ruhe, um mich zu erholen."

Respektieren Sie die Grenzen der anderen: Hören Sie zu und respektieren Sie, was sie als ihre Grenzen ausdrücken.

Ihre Aufgabe:

Schreiben Sie eine Grenze auf, die Sie gerne in einer Beziehung setzen würden. Üben Sie, wie Sie diese auf respektvolle und durchsetzungsfähige Weise kommunizieren können.

7. Vertrauen schaffen durch Beständigkeit

Vertrauen erwirbt man sich durch konsequentes Handeln, das Zuverlässigkeit und Sorgfalt beweist. Es ist der Grundstein für jede starke Beziehung.

Wie man Vertrauen aufbaut:

Halten Sie Zusagen ein: Tun Sie, was Sie versprechen.

Seien Sie ehrlich: Auch wenn die Wahrheit schwierig ist, fördert Ehrlichkeit den Respekt.

Seien Sie unterstützend: Bieten Sie unaufgefordert Ermutigung und Hilfe an.

Ihre Aufgabe:

Finden Sie eine Möglichkeit, wie Sie in einer Beziehung mehr Beständigkeit zeigen können. Nehmen Sie sich vor, diese Woche danach zu handeln.

8. Erkennen und Reparieren von Beziehungsschäden

Keine Beziehung ist perfekt, und Fehler passieren. Das Wichtigste ist, Probleme sofort anzusprechen und den entstandenen Schaden zu beheben.

Schritte zur Schadensbehebung:

Erkennen Sie das Problem an: Übernehmen Sie die Verantwortung für Ihren Anteil an dem Problem.

Bieten Sie eine aufrichtige Entschuldigung an: Drücken Sie Reue aus, ohne Ihr Handeln zu rechtfertigen.

Wiedergutmachung leisten: Fragen Sie, was Sie tun können, um das Vertrauen wiederherzustellen und die Sache zu Ende zu bringen.

Ihre Aufgabe:

Denken Sie an eine Beziehung, die belastet wurde. Schreiben Sie einen Entschuldigungsbrief, auch wenn Sie ihn nicht abschicken, um zu üben, echte Reue auszudrücken und Schritte zur Wiedergutmachung zu skizzieren.

9. Der Nutzen von EQ in Beziehungen

Wenn Sie Ihre Beziehungen durch EQ stärken, werden Sie Erfahrungen machen:

Tiefer gehende Bindungen: Einfühlungsvermögen und Verständnis fördern sinnvolle Bindungen.

Geringerer Stress: Gesunde Beziehungen bieten emotionale Unterstützung in schwierigen Zeiten.

Bessere Konfliktlösung: Meinungsverschiedenheiten werden konstruktiv gelöst und Spannungen abgebaut.

Gegenseitiges Wachstum: Starke Beziehungen inspirieren und unterstützen das persönliche und gemeinsame Wachstum.

Ihre Aufgabe:

Denken Sie über eine Beziehung nach, die sich aufgrund Ihres erhöhten EQ verbessert hat. Schreiben Sie auf, was Sie anders gemacht haben und wie sich das auf die Dynamik ausgewirkt hat.

Abschließende Überlegungen

Die Stärkung von Beziehungen durch emotionale Intelligenz ist einer der lohnendsten Aspekte des persönlichen Wachstums. Indem Sie sich in Empathie üben, Ihre Kommunikation verbessern und mit Konflikten umsichtig umgehen, können Sie Verbindungen schaffen, die Ihr Leben bereichern und Sie auf Ihrem Weg zur Umkehrung schlechter Gewohnheiten unterstützen.

Im nächsten Kapitel erfahren Sie, wie Sie die erzielten Fortschritte aufrechterhalten und sicherstellen können, dass diese Veränderungen zu einem dauerhaften Bestandteil Ihres Lebensstils werden. Machen Sie weiter - Sie bauen sich ein Leben voller sinnvoller, erfüllender Beziehungen auf!

Kapitel 13: Gewohnheiten stapeln für den Erfolg

Willkommen zu Kapitel 13! In diesem Kapitel werden wir eine der effektivsten Techniken für dauerhafte Veränderungen kennenlernen: das Stapeln von Gewohnheiten. Das Stapeln von Gewohnheiten ist eine Strategie, bei der man neue Gewohnheiten aufbaut, indem man sie mit bereits bestehenden Gewohnheiten verknüpft. Anstatt zu versuchen, Ihr Leben auf einmal zu ändern, fügen Sie kleine, umsetzbare Schritte zu Routinen hinzu, die Sie bereits täglich ausführen.

Diese Methode nutzt die Kraft der Dynamik und der Beständigkeit und macht es einfacher, positive Gewohnheiten in Ihr Leben zu integrieren. Am Ende dieses Kapitels werden Sie wissen, wie Sie Gewohnheitsstapel entwerfen und umsetzen können, um Ihre Ziele in den Bereichen Gesundheit, Wohlstand und emotionale Intelligenz zu erreichen.

1. Was ist Habit Stacking?

Das Stapeln von Gewohnheiten wurde von James Clear in Atomic Habits populär gemacht und basiert auf der Wissenschaft der Verhaltenspsychologie. Die Prämisse ist einfach: Sie verankern eine neue Gewohnheit an einer bestehenden und schaffen so eine Kette von Verhaltensweisen, die auf natürliche Weise zusammenfließen.

Warum es funktioniert:

   Vorhandene Routinen nutzen: Sie müssen nicht bei Null anfangen.

   Verringert die Entscheidungsmüdigkeit: Sie automatisieren den Prozess der Gewohnheitsbildung.

   Schafft Momentum: Kleine Erfolge führen mit der Zeit zu großen Ergebnissen.

Beispiel:

Bestehende Gewohnheit: Morgens die Zähne putzen.

Neue Gewohnheit: Üben Sie sich in Dankbarkeit, indem Sie während oder unmittelbar nach dem Zähneputzen eine Sache aufzählen, für die Sie dankbar sind.

Ihre Aufgabe:

Denken Sie an eine Gewohnheit, die Sie bereits täglich ausüben. Überlegen Sie sich eine einfache, nützliche Gewohnheit, die Sie damit verbinden könnten.

2. Gestalten Sie Ihre Gewohnheitsstapel

Der Erfolg des Habit-Stacking liegt in der sorgfältigen Planung. Hier erfahren Sie, wie Sie effektive Gewohnheitsstapel erstellen:

Schritt 1: Identifizieren Sie Ankergewohnheiten

Beginnen Sie mit der Auflistung von Gewohnheiten, die Sie bereits konsequent umsetzen, wie z. B.:

- Kaffee kochen.
- Unter der Dusche.
- Schließen Sie die Tür ab, wenn Sie das Haus verlassen.
- Überprüfen Sie Ihre E-Mails.

Schritt 2: Wählen Sie einfache neue Gewohnheiten

Wählen Sie kleine, erreichbare Gewohnheiten, die mit Ihren Zielen übereinstimmen. Beispiele hierfür sind:

- Ein Glas Wasser nach dem Aufwachen trinken (Gesundheit).
- Überprüfung des Haushaltsplans nach dem Mittagessen (Reichtum).

Drei Mal tief durchatmen, bevor man auf E-Mails antwortet (emotionale Regulierung).

Schritt 3: Schreiben Sie eine Habit-Stack-Formel

Verwenden Sie dieses Format: "Nach [bestehende Gewohnheit] werde ich [neue Gewohnheit]".

Beispiel: "Nachdem ich meinen Morgenkaffee aufgebrüht habe, werde ich meine tägliche Aufgabenliste durchgehen."

Schritt 4: Testen und Einstellen

Fangen Sie klein an und verfeinern Sie Ihren Stack auf der Grundlage dessen, was für Sie funktioniert.

Ihre Aufgabe:

Schreiben Sie eine vollständige Gewohnheitsstapelformel auf, die Sie diese Woche ausprobieren wollen.

3. Stapeln von Gewohnheiten für die Gesundheit

Ein gesünderer Lebensstil muss nicht überwältigend sein. Verbessern Sie mit Hilfe von Gewohnheiten Ihre Routine in den Bereichen Ernährung, Bewegung und Selbstfürsorge.

Beispiele:

Ernährung: Nachdem ich eine Mahlzeit beendet habe, trage ich in ein Ernährungstagebuch ein, was ich gegessen habe.

Übung: Nachdem ich mir abends die Zähne geputzt habe, mache ich 10 Liegestütze.

Selbstfürsorge: Nachdem ich mich zum Frühstück hingesetzt habe, werde ich 2 Minuten lang meditieren.

Ihre Aufgabe:

Wählen Sie ein gesundheitsbezogenes Ziel. Schreiben Sie einen Gewohnheitsstapel, der dieses Ziel unterstützt, und verpflichten Sie sich, ihn in der nächsten Woche täglich zu praktizieren.

4. Gewohnheiten stapeln für Reichtum

Der Aufbau von Finanzdisziplin und Wohlstand erfordert Beständigkeit. Das Stapeln von Gewohnheiten kann Ihnen dabei helfen, Routinen zu etablieren, die das Sparen, die Budgetierung und eine fundierte Entscheidungsfindung fördern.

Beispiele:

   Budgetierung: Nachdem ich meine E-Mails gecheckt habe, werde ich meine Kontostände überprüfen.

   Geld sparen: Wenn ich einen Gehaltsscheck erhalte, überweise ich 10 % auf mein Sparkonto.

   Lernen: Nachdem ich mit dem Abendessen fertig bin, werde ich einen Artikel über persönliche Finanzen lesen.

Ihre Aufgabe:

Bestimmen Sie eine finanzielle Gewohnheit, die Sie entwickeln möchten. Erstellen Sie einen Gewohnheitsstapel, der die Gewohnheit in einer bestehenden täglichen Routine verankert.

5. Habit Stacking für emotionale Intelligenz

Zur Verbesserung der emotionalen Intelligenz gehören Praktiken wie Achtsamkeit, Empathie und effektive Kommunikation. Das Stapeln von Gewohnheiten kann Ihnen dabei helfen, diese Praktiken nahtlos in Ihren Tag einzubauen.

Beispiele:

Achtsamkeit: Nachdem ich mein Auto gestartet habe, atme ich dreimal tief durch, bevor ich losfahre.

Einfühlungsvermögen: Nachdem ich ein Gespräch beendet habe, denke ich darüber nach, was die andere Person gefühlt haben könnte.

Dankbarkeit: Nachdem ich mein Tagebuch geöffnet habe, schreibe ich eine Sache auf, für die ich dankbar bin.

Ihre Aufgabe:

Wählen Sie einen Aspekt der emotionalen Intelligenz, den Sie stärken wollen. Schreiben Sie einen Gewohnheitsstapel, der zum regelmäßigen Üben anregt.

6. Fehlerbehebung bei allgemeinen Herausforderungen

Selbst mit den besten Absichten kann das Stapeln von Gewohnheiten auf Hindernisse stoßen. Hier erfahren Sie, wie Sie diese überwinden können:

Herausforderung 1: Das Vergessen der neuen Gewohnheit

Die Lösung: Verwenden Sie visuelle Erinnerungshilfen, wie Haftnotizen oder Telefonalarme, um Sie aufzufordern, bis die Gewohnheit automatisch wird.

Herausforderung 2: Überlastung Ihrer Routine

Die Lösung: Beginnen Sie mit einem kleinen Gewohnheitsstapel auf einmal. Bauen Sie schrittweise auf, um Überforderung zu vermeiden.

Herausforderung 3: Verlust der Motivation

Die Lösung: Feiern Sie kleine Erfolge und erinnern Sie sich an das größere Ziel, das Ihre Gewohnheiten unterstützen.

Ihre Aufgabe:

Wenn Sie schon einmal versucht haben, Gewohnheiten zu stapeln, und es Ihnen nicht gelungen ist, identifizieren Sie die Herausforderung, mit der Sie konfrontiert waren, und schreiben Sie einen Plan auf, um sie zu lösen.

7. Skalierung Ihrer Gewohnheitsstapel

Sobald Sie ein paar kleine Stapel beherrschen, können Sie diese zu größeren Routinen ausbauen. Zum Beispiel:

Morgenroutine:

Nach dem Aufwachen trinke ich ein Glas Wasser.

Nachdem ich Wasser getrunken habe, schreibe ich meine drei wichtigsten Ziele für den Tag auf.

Nachdem ich meine Ziele aufgeschrieben habe, werde ich mich 5 Minuten lang dehnen.

Abendroutine:

Nachdem ich mir die Zähne geputzt habe, schaue ich mir an, was ich an diesem Tag erreicht habe.

Nachdem ich meine Leistungen überprüft habe, werde ich mein Outfit für den nächsten Tag vorbereiten.

Nachdem ich mein Outfit vorbereitet habe, werde ich 10 Seiten eines Buches lesen.

Ihre Aufgabe:

Entwerfen Sie eine einfache Morgen- oder Abendroutine, indem Sie Gewohnheiten stapeln. Beginnen Sie mit 2-3 Gewohnheiten und erweitern Sie diese nach und nach.

8. Langfristige Vorteile des Habit Stacking

Habit Stacking hilft Ihnen, ein Leben zu schaffen, in dem Erfolg automatisch eintritt. Indem Sie positive Gewohnheiten mit bestehenden Routinen verknüpfen, werden Sie:

   Sparen Sie Zeit: Reduzieren Sie die Entscheidungsfindung durch den Aufbau strukturierter Routinen.

   Bleiben Sie beständig: Kleine tägliche Aktionen führen zu großen langfristigen Ergebnissen.

   Erreichen von Zielen: Richten Sie Ihre Gewohnheiten an Ihren Zielen für Gesundheit, Wohlstand und persönliches Wachstum aus.

Abschließende Überlegungen

Habit Stacking ist mehr als nur ein Produktivitäts-Hack - es ist ein Rahmen für ein bewusstes Leben. Indem Sie neue Gewohnheiten in bestehenden Routinen verankern, können Sie einen Welleneffekt positiver Veränderungen in jedem Bereich Ihres Lebens erzeugen.

Im nächsten Kapitel fassen wir alles zusammen und erörtern, wie Sie die erzielten Fortschritte aufrechterhalten und sicherstellen können, dass die von Ihnen geschaffenen Gewohnheiten zu einer dauerhaften Veränderung führen. Sie sind fast am Ziel - machen Sie weiter!

Kapitel 14: Die Rolle der Rechenschaftspflicht

Verantwortlichkeit ist die unsichtbare Kraft, die über Erfolg oder Misserfolg entscheiden kann. Es geht nicht nur darum, Aufgaben abzuhaken - es geht darum, Engagement zu fördern, Widerstandsfähigkeit aufzubauen und eine unterstützende Struktur zu schaffen, die Sie vorwärts bringt, selbst wenn die Motivation nachlässt.

In diesem Kapitel erfahren Sie, wie Verantwortlichkeit funktioniert, warum sie für die Umkehrung schlechter Gewohnheiten unerlässlich ist und wie Sie sie in Ihre Reise einbauen können. Am Ende des Kapitels haben Sie das Handwerkszeug, um ein System der Verantwortlichkeit aufzubauen, das Sie befähigt, auf Kurs zu bleiben und Ihre Ziele zu erreichen.

1. Was ist Rechenschaftspflicht?

Im Kern bedeutet Verantwortlichkeit, dass man die Verantwortung für sein Handeln und seine Fortschritte übernimmt. Sie beinhaltet die Anerkennung von Erfolgen und Rückschlägen und das Streben nach kontinuierlicher Verbesserung.

Schlüsselaspekte der Rechenschaftspflicht:

Verantwortung: Verantwortung für die eigenen Entscheidungen und deren Ergebnisse.

Transparenz: Seien Sie ehrlich in Bezug auf Ihre Bemühungen und Herausforderungen.

Unterstützung: Nutzung von Beziehungen und Systemen, damit Sie Ihre Ziele nicht aus den Augen verlieren.

Ihre Aufgabe:

Erinnern Sie sich an eine Zeit, in der Sie erfolgreich waren, weil jemand oder etwas Sie zur Verantwortung gezogen hat. Schreiben Sie auf, was funktioniert hat und wie es Sie motiviert hat.

2. Warum Rechenschaftspflicht wichtig ist

Ohne Verantwortlichkeit ist es leicht, sich von Ausreden, Ablenkungen oder mangelnder Disziplin ablenken zu lassen. Hier ist der Grund, warum Verantwortlichkeit so wichtig ist:

Erhöht die Verbindlichkeit: Es ist wahrscheinlicher, dass Sie Ihre Ziele verfolgen, wenn jemand anderes sie kennt.

Bietet eine Perspektive: Andere können Ihnen helfen, blinde Flecken und verbesserungswürdige Bereiche zu erkennen.

Sorgt für Beständigkeit: Regelmäßige Überprüfungen schaffen eine Dynamik, die aus Absichten Gewohnheiten macht.

Ermutigt zur Resilienz: Verantwortungsvolle Partner oder Systeme können Sie motivieren, auch in schwierigen Zeiten weiterzumachen.

Ihre Aufgabe:

Schreiben Sie einen Bereich auf, in dem ein Mangel an Rechenschaftspflicht Ihren Fortschritt behindert hat. Ermitteln Sie, wie ein System der Rechenschaftspflicht hätte helfen können.

3. Arten von Rechenschaftssystemen

Verantwortlichkeit kann in vielen Formen auftreten. Wählen Sie die Form(en), die am besten zu Ihrer Persönlichkeit und Ihren Zielen passen:

a. Selbstverantwortung:

Verfolgen Sie Ihre eigenen Fortschritte mit Hilfe von Tools wie Tagebüchern, Gewohnheitstrackern oder Apps.

   Beispiel: Verwenden Sie einen Tagesplaner, um erledigte Gewohnheiten oder Aufgaben zu protokollieren.

   Tipp: Überlegen Sie wöchentlich, was gut gelaufen ist und was angepasst werden muss.

b. Peer Accountability:

Zusammenarbeit mit einem Freund, Kollegen oder Familienmitglied, um Ziele und Fortschritte zu teilen.

   Beispiel: Verabreden Sie sich mit einem Freund zu einem wöchentlichen Gespräch über Ihre Fitnessziele.

   Tipp: Wählen Sie eine zuverlässige und ermutigende Person.

c. Rechenschaftspflicht der Gruppe:

Beitritt zu einer Gruppe mit gemeinsamen Zielen, z. B. zu einem Fitnesskurs oder einer Mastermind-Gruppe.

   Beispiel: Nehmen Sie an einem Online-Forum teil, in dem sich die Mitglieder über Fortschritte und Herausforderungen austauschen.

   Tipp: Seien Sie ein aktiver Teilnehmer, um das Beste aus der Gruppe herauszuholen.

d. Professionelle Rechenschaftspflicht:

Beauftragen Sie einen Coach, Mentor oder Therapeuten, der Sie anleitet und unterstützt.

Beispiel: Arbeiten Sie mit einem Finanzberater zusammen, um ein Budget zu erstellen und einzuhalten.

Tipp: Vergewissern Sie sich, dass der Fachmann mit Ihren Werten und Zielen übereinstimmt.

Ihre Aufgabe:

Finden Sie heraus, welche Art von Verantwortlichkeit Sie am meisten anspricht. Schreiben Sie eine Möglichkeit auf, wie Sie sie in dieser Woche in Ihr Leben einbauen können.

4. Verantwortlichkeit in Ihr tägliches Leben integrieren

Damit Verantwortlichkeit effektiv ist, müssen Sie sie in Ihre Routine integrieren. Und so geht's:

a. Setzen Sie klare Ziele:

Verantwortlichkeit beginnt damit, dass man weiß, was man anstrebt. Definieren Sie Ihre Ziele mit spezifischen, messbaren Resultaten.

Beispiel: Anstatt "Ich möchte Geld sparen", sagen Sie "Ich werde in den nächsten drei Monaten jede Woche 100 Dollar sparen".

b. Erstellen Sie Kontrollpunkte:

Unterteilen Sie Ihr Ziel in kleinere Etappen und planen Sie regelmäßige Kontrolltermine.

Beispiel: Überprüfen Sie jeden Sonntag Ihre Ausgaben, um sicherzustellen, dass Sie im Rahmen Ihres Budgets bleiben.

c. Werkzeuge zur Rechenschaftslegung verwenden:

Nutzen Sie die Technologie, um auf Kurs zu bleiben. Apps, Erinnerungshilfen und digitale Tracker können dabei helfen.

Beispiel: Verwenden Sie eine Fitness-App, um Ihr Training zu protokollieren und Ihre Fortschritte zu überwachen.

d. Siege feiern:

Erkennen Sie Fortschritte an und belohnen Sie sie, um motiviert zu bleiben.

Beispiel: Gönnen Sie sich etwas Angenehmes, wenn Sie einen wichtigen Meilenstein erreicht haben.

Ihre Aufgabe:

Wählen Sie ein Ziel und schreiben Sie drei Punkte auf, an denen Sie Ihre Fortschritte messen können. Entscheiden Sie, wie Sie sich für das Erreichen der einzelnen Punkte belohnen werden.

5. Rechenschaftspflicht im Gesundheitswesen

Für die Umkehrung ungesunder Gewohnheiten ist Verantwortlichkeit von unschätzbarem Wert. Sie kann Sie motivieren und verhindern, dass Sie rückfällig werden.

Strategien für gesundheitliche Verantwortlichkeit:

Verfolgen Sie Ihren Fortschritt: Protokollieren Sie täglich Trainingseinheiten, Mahlzeiten oder Gewichtsveränderungen.

Schließen Sie sich zusammen: Trainieren Sie mit einem Freund oder schließen Sie sich einer Fitnessgruppe an.

Nehmen Sie professionelle Unterstützung in Anspruch: Lassen Sie sich von einem Personal Trainer oder Ernährungsberater anleiten.

Ihre Aufgabe:

Setzen Sie sich ein Gesundheitsziel (z. B. 3 Mal pro Woche Sport treiben). Schreiben Sie auf, wie Sie das Ziel erreichen wollen.

6. Rechenschaftspflicht im Reichtum

Finanzielle Disziplin lebt von Verantwortlichkeit. Sie sorgt dafür, dass Sie bei Ausgaben, Sparen und Planung ehrlich bleiben.

Strategien für die finanzielle Rechenschaftspflicht:

   Erstellen Sie ein Budget: Teilen Sie es mit einem vertrauenswürdigen Freund oder Berater.

   Sparen automatisieren: Richten Sie automatische Überweisungen auf ein Sparkonto ein.

   Monatliche Überprüfung: Planen Sie regelmäßige Überprüfungen Ihrer finanziellen Ziele.

Ihre Aufgabe:

Wählen Sie eine finanzielle Gewohnheit (z. B. 50 Dollar pro Woche sparen). Entscheiden Sie, wie und mit wem Sie für die Beibehaltung dieser Gewohnheit Rechenschaft ablegen werden.

7. Rechenschaftspflicht bei emotionalem Wachstum

Der Aufbau emotionaler Intelligenz erfordert konsequente Praxis, die durch Rechenschaftspflicht unterstützt werden kann.

Strategien für EQ Accountability:

   Tagebuch führen: Schreiben Sie über Ihre täglichen Interaktionen und reflektieren Sie, wie Sie mit Ihren Gefühlen umgegangen sind.

   Praxis-Check-Ins: Arbeiten Sie mit jemandem zusammen, um wöchentliche EQ-Ziele und Überlegungen zu teilen.

Suchen Sie nach Feedback: Bitten Sie vertrauenswürdige Personen um ehrliche Rückmeldung, wie Sie mit Ihren Emotionen umgehen.

Ihre Aufgabe:

Schreiben Sie ein EQ-Ziel auf (z. B. Innehalten, bevor Sie in angespannten Situationen reagieren). Legen Sie fest, wie Sie Ihre Fortschritte verfolgen wollen und wer Sie dabei unterstützen kann.

8. Überwindung des Widerstands gegen die Rechenschaftspflicht

Es ist ganz natürlich, dass man zögert, zur Verantwortung gezogen zu werden. Hier erfahren Sie, wie Sie die häufigsten Hindernisse überwinden können:

Hindernis 1: Angst vor der Verurteilung

   Lösung: Wählen Sie unterstützende, nicht wertende Menschen oder Hilfsmittel, die Sie zur Verantwortung ziehen.

Hindernis 2: Vermeiden von Verantwortung

   Die Lösung: Unterteilen Sie Ihre Ziele in kleinere, überschaubare Schritte, damit Sie das Gefühl haben, Fortschritte zu erzielen.

Hindernis 3: Mangelnde Konsistenz

   Lösung: Planen Sie regelmäßige Kontrolltermine und setzen Sie Erinnerungen, um auf dem richtigen Weg zu bleiben.

Ihre Aufgabe:

Nennen Sie ein Hindernis, das Sie bei der Übernahme von Verantwortung stört, und schreiben Sie auf, wie Sie es überwinden wollen.

9. Langfristige Vorteile der Rechenschaftspflicht

Rechenschaftspflicht ist nicht nur ein Instrument zum Erreichen kurzfristiger Ziele, sondern schafft auch Gewohnheiten, die den langfristigen Erfolg sichern. Mit konsequenter Verantwortlichkeit werden Sie:

Entwickeln Sie mehr Selbstdisziplin.

Bauen Sie Vertrauen in sich und andere auf.

Effizienteres Erreichen von Zielen.

Schaffen Sie ein Unterstützungssystem, das Ihnen hilft zu wachsen.

Abschließende Überlegungen

Rechenschaftspflicht verwandelt Absichten in Taten und Bestrebungen in Errungenschaften. Indem Sie Verantwortung für Gesundheit, Wohlstand und emotionale Intelligenz übernehmen, entwickeln Sie die Disziplin und Unterstützung, die Sie brauchen, um schlechte Gewohnheiten abzulegen und Ihre Ziele zu erreichen.

Im nächsten Kapitel werden wir alles zusammenfassen und Strategien erörtern, wie Sie die erzielten Fortschritte aufrechterhalten können. Bleiben Sie engagiert - Sie nähern sich der Ziellinie!

Kapitel 15: Das Feiern von Meilensteinen

Sie haben hart daran gearbeitet, Ihre schlechten Gewohnheiten abzulegen, und jeder Schritt auf diesem Weg verdient Anerkennung. Beim Feiern von Meilensteinen geht es nicht nur darum, sich selbst auf die Schulter zu klopfen, sondern auch darum, positives Verhalten zu verstärken und die Motivation auf lange Sicht aufrechtzuerhalten.

In diesem Kapitel wird erörtert, wie wichtig es ist, Fortschritte anzuerkennen, wie man Meilensteine definiert und wie man sie am besten feiert. Am Ende werden Sie wissen, wie Sie Feiern zu einem wirkungsvollen Instrument für nachhaltigen Erfolg machen können.

1. Warum das Feiern von Meilensteinen wichtig ist

Das Feiern von Meilensteinen ist nicht selbstverliebt, sondern strategisch sinnvoll. Es hält Sie bei der Stange, stärkt den Fortschritt und schafft eine positive emotionale Verbindung zu Ihren Bemühungen.

Vorteile des Feierns von Meilensteinen:

Verleiht Schwung: Die Anerkennung kleiner Erfolge hält die Motivation aufrecht, größere Herausforderungen zu meistern.

Verstärkt Gewohnheiten: Belohnungen sorgen für positive Verstärkung, so dass neue Gewohnheiten bestehen bleiben.

Stärkt das Selbstvertrauen: Feiern erinnern Sie daran, wie weit Sie schon gekommen sind, und stärken Ihr Selbstvertrauen.

Verhindert Burnout: Wer sich Zeit zum Feiern nimmt, baut Stress ab und behält die Freude an der Reise.

Ihre Aufgabe:

Denken Sie an eine große oder kleine Errungenschaft der letzten Zeit. Wie haben Sie sie gewürdigt? Wenn nicht, überlegen Sie, wie Sie sie sinnvoll hätten feiern können.

2. Definition Ihrer Meilensteine

Nicht alle Meilensteine müssen monumental sein. Unterteilen Sie Ihre Reise in überschaubare Abschnitte und feiern Sie die Fortschritte auf jeder Etappe.

Arten von Meilensteinen:

Mikro-Meilensteine: Kleine, tägliche oder wöchentliche Erfolge (z. B. das Einhalten des Budgets für eine Woche).

Mittlere Etappenziele: Signifikante Fortschritte (z. B. 5 Pfund abnehmen, 1.000 Dollar sparen).

Wichtige Etappenziele: Erreichen langfristiger Ziele (z. B. Schulden abbezahlen, einen Marathon laufen).

Wie man Meilensteine identifiziert:

Richten Sie sich an Ihren Zielen aus: Wählen Sie Meilensteine, die den Fortschritt auf dem Weg zu Ihren Gesundheits-, Vermögens- oder EQ-Zielen widerspiegeln.

Seien Sie konkret: Definieren Sie klare, messbare Ziele.

Realistische Ziele: Stellen Sie sicher, dass die Meilensteine anspruchsvoll, aber erreichbar sind.

Beispiel:

Wenn Ihr Ziel darin besteht, 20 Pfund abzunehmen, könnten das Ihre Meilensteine sein:

Die ersten 5 Pfund abnehmen (Mikro).

Erreichen von 10 verlorenen Pfund (mittel).

Überschreiten der 20-Pfund-Marke (Major).

Ihre Aufgabe:

Schreiben Sie ein langfristiges Ziel und drei Meilensteine auf, die einen Fortschritt auf dem Weg zu diesem Ziel darstellen.

3. Die Wahl sinnvoller Belohnungen

Feiern sollten sich persönlich und lohnend anfühlen, aber Ihren Fortschritt nicht zunichte machen. Wählen Sie Belohnungen, die mit Ihren Werten übereinstimmen und positive Gewohnheiten verstärken.

Belohnungsideen nach Kategorie:

Gesundheit:

Neue Trainingskleidung kaufen.

Gönnen Sie sich eine Massage.

Probieren Sie ein neues, gesundes Rezept aus.

Reichtum:

Gönnen Sie sich eine kleine, schuldfreie Freude (z. B. ein Lieblingsessen oder ein Buch).

Legen Sie "Spaßgeld" für ein Erlebnis zurück, das Ihnen Spaß macht.

Investieren Sie in einen Kurs oder ein Tool, das Ihre finanziellen Ziele unterstützt.

Emotionale Intelligenz:

Nehmen Sie sich einen Tag Zeit für sich selbst, z. B. um ein Tagebuch zu schreiben oder sich in der Natur zu entspannen.

Feiern Sie mit einem Freund, der Ihr Wachstum unterstützt hat.

Belohnen Sie sich mit Zeit für ein Lieblingshobby.

Ihre Aufgabe:

Wählen Sie einen Meilenstein, auf den Sie hinarbeiten. Schreiben Sie eine Belohnung auf, die sich sinnvoll anfühlt und mit Ihrem Fortschritt übereinstimmt.

4. Feiern ohne Sabotage

Es ist wichtig, dass Feiern nicht die Fortschritte zunichte machen, die Sie gemacht haben. Wenn Sie z. B. hart an einer gesunden Ernährung gearbeitet haben, sollten Sie nicht zulassen, dass eine "Schummelspeise" zu einer Woche des Überschwangs wird.

Tipps für ausgewogene Feste:

Halten Sie Belohnungen in Schach: Wählen Sie Belohnungen, die Freude bereiten, ohne Ihre Ziele zu gefährden.

Feiern Sie den Fortschritt, nicht die Perfektion: Konzentrieren Sie sich auf die Anstrengungen, die Sie gemacht haben, auch wenn der Weg nicht perfekt ist.

Seien Sie kreativ: Suchen Sie nach nicht-materiellen Möglichkeiten zum Feiern, z. B. indem Sie Zeit mit Ihren Lieben verbringen oder neue Erfahrungen sammeln.

Beispiel:

Anstatt den Gewichtsverlust mit Junkfood zu feiern, belohnen Sie sich mit einem neuen Paar Laufschuhe oder einer lustigen Aktivität im Freien.

Ihre Aufgabe:

Denken Sie an eine Situation, in der eine Feier zu einem Rückzieher geführt hat. Wie hätten Sie anders feiern können, um den Schwung beizubehalten?

5. Teilen Sie Ihre Gewinne

Feiern werden noch bedeutungsvoller, wenn man sie mit anderen teilt. Egal ob es sich um einen engen Freund, ein Familienmitglied oder einen Partner handelt, die Einbeziehung anderer kann die Freude und Motivation verstärken.

Wege zum Teilen:

Soziale Medien: Posten Sie über Ihre Fortschritte, um andere zu inspirieren.

Verantwortlichkeitsgruppen: Tauschen Sie sich bei Check-Ins über Meilensteine aus.

Feiern Sie gemeinsam: Laden Sie jemanden, der Sie unterstützt hat, ein, an Ihrer Feier teilzunehmen.

Ihre Aufgabe:

Bestimmen Sie eine Person, mit der Sie Ihren nächsten Meilenstein teilen möchten. Schreiben Sie auf, wie Sie sie in Ihre Feier einbeziehen wollen.

6. Reflektieren über Ihre Reise

Das Feiern von Meilensteinen ist auch eine Gelegenheit, darüber nachzudenken, was Sie gelernt haben und wie Sie gewachsen sind. Nutzen Sie diese Zeit, um Ihre Widerstandsfähigkeit, Anpassungsfähigkeit und Ihr Engagement zu würdigen.

Fragen zum Nachdenken:

Welche Herausforderungen habe ich überwunden, um diesen Meilenstein zu erreichen?

Welche Strategien haben sich bewährt, und was könnte ich verbessern?

Wie bringt mich das Erreichen dieses Meilensteins meinem langfristigen Ziel näher?

Ihre Aufgabe:

Wenn Sie den nächsten Meilenstein erreicht haben, schreiben Sie 10 Minuten lang über Ihre bisherige Reise.

7. Die Ausstrahlungswirkung von Feiern

Wenn Sie feiern, schaffen Sie eine positive Dynamik, die sich auf andere Bereiche Ihres Lebens auswirkt. Die Anerkennung von Fortschritten in einem Bereich (z. B. Gesundheit) kann Sie dazu inspirieren, sich in einem anderen Bereich (z. B. Wohlstand oder EQ) mehr anzustrengen.

Beispiele für Ausstrahlungseffekte:

Das Selbstvertrauen, das Sie nach dem Erreichen eines Fitnessziels haben, kann Sie dazu motivieren, eine finanzielle Herausforderung in Angriff zu nehmen.

Das Feiern einer verbesserten Kommunikation mit einem Partner kann Ihr Engagement für persönliches Wachstum stärken.

Ihre Aufgabe:

Schreiben Sie einen kürzlichen Erfolg auf und stellen Sie fest, wie er sich positiv auf einen anderen Bereich Ihres Lebens ausgewirkt hat.

8. Eine Gewohnheit des Feierns schaffen

Genauso wie Sie Gewohnheiten für Gesundheit, Wohlstand und EQ entwickeln, können Sie auch eine Gewohnheit entwickeln, Fortschritte zu feiern.

Schritte, um Feiern zur Routine zu machen:

Planen Sie im Voraus: Weisen Sie Belohnungen für bestimmte Meilensteine im Voraus zu.

Verfolgen Sie den Fortschritt: Verwenden Sie ein Tagebuch oder einen Tracker, um zu notieren, wann Sie Meilensteine erreicht haben.

Planen Sie Feste und Feiern: Behandeln Sie Feste wie Termine, die Sie nicht versäumen wollen.

Ihre Aufgabe:

Überprüfen Sie Ihre aktuellen Ziele und Meilensteine. Planen Sie einen bestimmten Zeitpunkt für die Feier Ihres nächsten Sieges.

9. Die langfristige Kraft des Feierns

Bei Feiern geht es nicht nur um Belohnungen, sondern auch darum, die Denk- und Verhaltensweisen zu stärken, die zum Erfolg führen. Wenn Sie konsequent feiern, werden Sie:

Bleiben Sie durch Herausforderungen motiviert.

Vertiefen Sie Ihre Verbindung zu Ihren Zielen.

Führen Sie ein Leben, in dem Anstrengung und Fortschritt geschätzt werden.

Abschließende Überlegungen

Das Feiern von Meilensteinen ist der Treibstoff, der Ihre Reise antreibt. Wenn Sie Ihre Fortschritte auf sinnvolle Weise anerkennen, erhalten Sie nicht nur Ihren Schwung aufrecht, sondern machen auch den Prozess der Umkehrung schlechter Gewohnheiten zu einer angenehmen und erfüllenden Erfahrung.

Denken Sie auf Ihrem Weg nach vorn daran, dass jeder Schritt - egal wie klein er ist - es wert ist, gefeiert zu werden. Im nächsten und letzten Kapitel werden wir uns darauf konzentrieren, den Erfolg zu erhalten, den Sie aufgebaut haben, und einen Fahrplan für lebenslanges Wachstum zu erstellen. Bleiben Sie engagiert - Sie sind fast an der Ziellinie!

Schlussfolgerung: Ihre neue Realität

Am Ende dieser Reise werden Sie das Handwerkszeug erlernt haben, um Ihre Gewohnheiten und damit auch Ihr Leben zu verändern. Aber das ist erst der Anfang. Der Prozess der Umkehrung schlechter Gewohnheiten und deren Ersetzung durch neue, stärkende Gewohnheiten ist noch nicht abgeschlossen. Tatsächlich beginnt die eigentliche Arbeit jetzt. Was Sie gelernt haben, kann Ihnen dabei helfen, ein Leben mit beständigem Wachstum, Selbstbeherrschung und Erfüllung zu schaffen. Diese neue Realität ist kein ferner Traum, sondern eine Realität, in die Sie jetzt schon eintreten können.

1. Gewohnheiten sind das Fundament Ihrer neuen Realität

Die Gewohnheiten, die Sie bis jetzt angenommen haben, haben Ihr Leben auf offensichtliche und subtile Weise geprägt. Sie haben Ihre Gesundheit, Ihren Wohlstand, Ihre Beziehungen und Ihr emotionales Wohlbefinden bestimmt. Indem Sie diese Gewohnheiten ändern, verbessern Sie nicht nur einzelne Aspekte Ihres Lebens, sondern Sie gestalten das gesamte Fundament um, auf dem Ihre Zukunft aufgebaut ist.

Ihre neue Realität wird eine sein, in der:

Gesundheit wird zu einer Gewohnheit, nicht zu einem Ziel. Sie müssen sich nicht mehr dazu zwingen, gesunde Entscheidungen zu treffen; sie werden ganz natürlich und in Ihre Routine eingebettet sein.

Vermögen wird systematisch verwaltet und angehäuft, anstatt von Glück oder sporadischen Bemühungen abzuhängen. Sie erhalten das Rüstzeug, um fundierte finanzielle Entscheidungen zu treffen, bewusst zu sparen und Ihr Vermögen im Laufe der Zeit zu vermehren.

Emotionale Intelligenz steuert Ihre Beziehungen und führt zu tieferen Beziehungen zu anderen und einem stärkeren Selbstbewusstsein. Sie werden in der Lage sein, die Herausforderungen des Lebens mit Anmut, Einfühlungsvermögen und Widerstandsfähigkeit zu meistern.

Denken Sie auf Ihrem weiteren Weg daran, dass sich Gewohnheiten festigen. Kleine, konsequente Maßnahmen werden zu monumentalen Veränderungen führen. Das ist die Macht der Gewohnheiten.

Reflexionsaufgabe:

Schreiben Sie eine wichtige Gewohnheit auf, die das größte Potenzial hat, Ihr Leben zu verändern. Beschreiben Sie, wie sie Ihre zukünftige Realität beeinflussen wird.

2. Die Macht der Beständigkeit

Eine der wichtigsten Lektionen, die Sie in diesem Buch gelernt haben, ist, dass Veränderungen nicht durch plötzliche Ausbrüche von Willenskraft geschehen, sondern durch konsequentes Handeln. Die Umstellung Ihrer Gewohnheiten ist ein langsamer, bewusster Prozess, der nicht immer sofort zu Ergebnissen führt. Durch Beständigkeit wird jedoch eine Dynamik aufgebaut, die dazu führt, dass die Verhaltensweisen, für die Sie so hart gearbeitet haben, zur zweiten Natur werden.

Auch wenn die Versuchung besteht, in alte Muster zurückzufallen, wird die Beständigkeit, die Sie kultiviert haben, zu einer starken Kraft, die Sie auf Kurs hält. Wenn Sie Ihren neuen Gewohnheiten treu bleiben, werden Sie sehen, wie sie Wurzeln schlagen und immer einfacher und automatischer werden.

Der Schlüssel zum Erfolg:

  Streben Sie nicht nach Perfektion, sondern konzentrieren Sie sich auf den Fortschritt. Wenn Sie einen Fehler machen, kommen Sie einfach wieder in die Spur, ohne sich selbst zu verurteilen.

  Feiern Sie jeden Sieg, egal wie klein er auch sein mag. Jede positive Veränderung stärkt den nächsten Schritt nach vorn.

Verfolgen Sie Ihre Fortschritte, damit Sie sehen können, wie weit Sie gekommen sind. Das wird Ihr Selbstvertrauen stärken und Ihnen helfen, motiviert zu bleiben.

3. Nehmen Sie Rückschläge als Chance für Wachstum wahr

Der Wandel verläuft nicht linear, und Rückschläge sind ein unvermeidlicher Teil des Prozesses. Der Schlüssel liegt darin, Rückschläge nicht als Misserfolge zu betrachten, sondern als Chancen für Wachstum und Lernen.

Wenn Sie zum Beispiel in eine alte Essgewohnheit zurückfallen oder zu viel Geld ausgeben, sollten Sie dies nicht als Ausrede benutzen, um aufzugeben. Nutzen Sie den Rückschlag stattdessen, um herauszufinden, was das Verhalten ausgelöst hat, um Ihre Strategien zu überdenken und gestärkt daraus hervorzugehen. Rückschläge sind Momente der Reflexion, in denen Sie Ihr Vorgehen anpassen und Ihre Entschlossenheit stärken können.

Wie man mit Rückschlägen umgeht:

  Überdenken Sie Ihre Auslöser: Welche Situation oder welches Gefühl hat Sie dazu gebracht, einen Fehler zu machen? Wie können Sie es beim nächsten Mal anders angehen?

  Üben Sie sich in Selbstmitgefühl: Verstehen Sie, dass Veränderungen schwierig sind, und seien Sie freundlich zu sich selbst, wenn die Dinge nicht nach Plan laufen.

  Fassen Sie sich schnell wieder: Lassen Sie nicht zu, dass ein einziger Ausrutscher Ihre Fortschritte zunichte macht, sondern kommen Sie sofort wieder auf Kurs und machen Sie entschlossen weiter.

Aktionsschritt:

Denken Sie an einen Rückschlag, den Sie kürzlich erlebt haben. Wie können Sie diesen als Chance zum Lernen und Wachsen begreifen?

4. Kontinuierliches Wachstum und Selbstverbesserung

Die Arbeit, schlechte Gewohnheiten abzulegen, ist nie wirklich beendet. Das Leben entwickelt sich ständig weiter, und wenn Sie sich weiterentwickeln, werden Sie neuen Herausforderungen, Chancen und Lebensphasen begegnen, die eine Anpassung erfordern. Ihre Gewohnheiten werden sich mit Ihnen weiterentwickeln, und der Schlüssel zu dauerhaftem Erfolg ist die Beibehaltung einer Denkweise des kontinuierlichen Wachstums.

Wie man weiterwächst:

Lernen Sie weiter: Sei es durch Bücher, Kurse oder persönliche Erfahrungen, suchen Sie weiter nach Wissen und verfeinern Sie Ihre Gewohnheiten.

Setzen Sie sich neue Ziele: Wenn Sie ein Etappenziel erreicht haben, setzen Sie sich ein weiteres, um sich weiter zu motivieren.

Reflektieren Sie regelmäßig: Planen Sie jeden Monat oder jedes Quartal Zeit ein, um über Ihre Gewohnheiten, Ziele und allgemeinen Fortschritte nachzudenken.

Je mehr Sie in Ihr persönliches Wachstum investieren, desto stärker werden Ihre Gewohnheiten. Sie werden zu einem System, das Ihre sich ständig weiterentwickelnde Vision von dem, was Sie sein wollen, unterstützt.

5. Die Auswirkungen auf andere

Wenn Sie sich verändern, werden sich auch Ihre Beziehungen zu anderen verändern. Die positive Veränderung, die Sie erleben, wird sich natürlich auf die Menschen in Ihrer Umgebung auswirken. Wenn Sie sich bessere Gewohnheiten aneignen, werden Sie zu einem Beispiel dafür, was möglich ist, und inspirieren Ihre Mitmenschen zu eigenen Veränderungen.

Indem Sie Ihre emotionale Intelligenz, finanzielle Disziplin und körperliche Gesundheit stärken, werden Sie zu einem besseren Partner, Elternteil, Freund und Kollegen. Die positive Energie, die Sie erzeugen, wird ansteckend sein und zu tieferen, erfüllenderen Beziehungen und einem unterstützenden sozialen Netzwerk führen.

Aktionsschritt:

Denken Sie an eine Person, deren Leben durch Ihre Veränderung positiv beeinflusst werden könnte. Wie können Sie sie an Ihrer Reise teilhaben lassen oder sie in ihrem eigenen Wachstum unterstützen?

6. Leben im Einklang mit Ihrer Vision

Achten Sie bei der Umsetzung Ihrer neuen Realität darauf, dass Ihre Gewohnheiten stets mit Ihrer langfristigen Vision übereinstimmen. Ihre Gewohnheiten sollten die Person widerspiegeln, die Sie werden wollen, und das Leben, das Sie gestalten möchten.

Wenn Sie gesund und stark sein wollen, sollten Ihre Gewohnheiten regelmäßige körperliche Aktivität und eine ausgewogene Ernährung unterstützen. Wenn Ihre Vision finanzielle Unabhängigkeit ist, sollten Ihre Gewohnheiten Sparen, Investieren und Budgetierung beinhalten. Wenn Ihre Vision darin besteht, emotional intelligent zu sein, sollten Ihre Gewohnheiten Selbstreflexion, Empathie und Achtsamkeit fördern.

Wie man ausgerichtet bleibt:

   Überprüfen Sie Ihre Vision regelmäßig: Behalten Sie sie im Hinterkopf, damit Sie Ihre Gewohnheiten danach ausrichten können.

   Nehmen Sie bei Bedarf Anpassungen vor: Das Leben ändert sich, und das sollten auch Ihre Gewohnheiten. Überprüfen Sie in regelmäßigen Abständen, ob Ihr Handeln noch mit Ihren Zielen übereinstimmt.

7. Deine neue Realität beginnt jetzt

Sie haben den ersten Schritt getan, um Ihre schlechten Gewohnheiten abzulegen und neue, lebensbejahende Routinen zu etablieren. Die Werkzeuge und Strategien, die Sie gelernt haben, werden Ihnen als Wegweiser für Ihren weiteren Erfolg dienen.

Aber warten Sie nicht auf einen "perfekten" Moment, um zu beginnen. Beginnen Sie heute. Kleine Maßnahmen, die Sie jetzt ergreifen, werden mit der Zeit zu großen Ergebnissen führen. Jeder Tag ist eine Gelegenheit, die neuen Gewohnheiten zu verstärken, die Ihre neue Realität formen werden.

Letzte Ermutigung:

Sie sind fähig zur Veränderung. Die Macht zur Veränderung liegt in Ihnen, und jetzt haben Sie das Wissen und die Werkzeuge, um es zu tun. Halten Sie Ihre Vision klar, Ihre Handlungen konsequent und Ihre Denkweise offen. Ihre neue Realität wartet auf Sie.

Lassen wir es geschehen.

Glossar der Begriffe

Rechenschaftspflichtiger Partner

Eine vertrauenswürdige Person, die Sie unterstützt, ermutigt und Ihnen ehrliches Feedback gibt, damit Sie mit Ihren Zielen und Gewohnheiten auf Kurs bleiben.

Automatismus

Der Zustand, in dem ein Verhalten so tief verwurzelt ist, dass es automatisch und ohne bewusste Anstrengung abläuft.

Schlechte Angewohnheit

Ein wiederkehrendes Verhalten, das sich negativ auf Ihr körperliches, emotionales oder finanzielles Wohlbefinden auswirkt und oft durch unmittelbare Befriedigung ausgelöst wird.

Verhaltensbedingter Auslöser

Ein Ereignis, eine Emotion oder ein Hinweis, der eine gewohnheitsmäßige Handlung auslöst, entweder positiv oder negativ.

Zusammengesetzte Wirkung

Der Grundsatz, dass kleine, konsequente Handlungen, wenn sie im Laufe der Zeit wiederholt werden, zu bedeutenden Ergebnissen führen.

Stichwörter

Externe oder interne Auslöser, die ein gewohnheitsmäßiges Verhalten hervorrufen, wie Tageszeit, Ort oder Emotionen.

Verspätete Befriedigung

Die Fähigkeit, auf eine sofortige Belohnung zugunsten einer größeren oder bedeutsameren Belohnung zu einem späteren Zeitpunkt zu verzichten.

Disziplinarverfahren

Die Praxis, sich konsequent für Handlungen zu entscheiden, die mit Ihren langfristigen Zielen übereinstimmen, auch wenn es sich im Moment schwierig anfühlt.

Emotionale Intelligenz (EQ)

Die Fähigkeit, die eigenen Emotionen zu erkennen, zu verstehen und zu steuern und sich in die Emotionen anderer einzufühlen und diese zu beeinflussen.

Rückkopplungsschleife

Ein Zyklus, bei dem die Ergebnisse Ihres Verhaltens Informationen liefern, die dieses Verhalten in Zukunft entweder verstärken oder entmutigen.

Finanzielle Disziplin

Die Praxis des verantwortungsvollen Umgangs mit Geld durch Budgetierung, Sparen und Vermeidung von impulsiven Ausgaben.

Gewohnheitsschleife

Ein dreiteiliger Zyklus, der gewohnheitsmäßiges Verhalten fördert und aus einem Hinweis, einer Routine und einer Belohnung besteht.

Stapeln von Gewohnheiten

Die Praxis, neue Gewohnheiten zu entwickeln, indem man sie mit bestehenden Gewohnheiten verknüpft, um sie leichter zu etablieren und beizubehalten.

Sofortige Befriedigung

Der Wunsch nach sofortiger Freude oder Erfüllung, oft auf Kosten langfristiger Ziele.

Intrinsische Motivation

Ein persönlicher Antrieb, etwas zu erreichen, weil es mit den eigenen Werten und Leidenschaften übereinstimmt, und nicht wegen einer äußeren Belohnung.

Keystone-Gewohnheit

Eine einzelne Gewohnheit, die sich positiv auf andere Bereiche Ihres Lebens auswirkt.

Achtsamkeit

Die Praxis, gegenwärtig zu sein und sich voll und ganz auf den Moment einzulassen, was dabei hilft, unbewusste Gewohnheiten zu erkennen und zu verändern.

Neuroplastizität

Die Fähigkeit des Gehirns, neue Verbindungen und Bahnen zu bilden, die Veränderungen im Verhalten und in den Gewohnheiten ermöglichen.

Überkorrektur

Der Akt einer extremen oder nicht nachhaltigen Veränderung, um eine schlechte Angewohnheit umzukehren, was oft zu Burnout oder Misserfolg führt.

Positive Verstärkung

Belohnung eines gewünschten Verhaltens, um dessen Wiederholung zu fördern.

Reaktives Verhalten

Eine automatische, emotionale Reaktion auf eine Situation ohne Innehalten oder Abwägen der Folgen.

Reframing

Die Art und Weise, wie man eine Situation wahrnimmt, zu ändern, wobei sich Herausforderungen oft in Wachstumschancen verwandeln.

Ersatz Gewohnheit

Eine positive Gewohnheit, die bewusst angenommen wird, um eine negative Gewohnheit zu ersetzen.

Belohnung

Der Nutzen oder die Erleichterung, die eine Gewohnheit verstärken und zu ihrer Wiederholung anregen.

Selbst-Bewusstsein

Die Fähigkeit, die eigenen Gedanken, Gefühle und Verhaltensweisen zu erkennen und zu verstehen, was für die Änderung von Gewohnheiten unerlässlich ist.

Absenkung

Eine vorübergehende Unterbrechung des Fortschritts, die eine Gelegenheit bietet, Ihre Strategien neu zu bewerten und anzupassen.

SMART-Ziele

Ein Zielsetzungsrahmen, der sicherstellt, dass die Ziele spezifisch, messbar, erreichbar, relevant und zeitgebunden sind.

Sunk Cost Fallacy

Die Tendenz, ein Verhalten aufgrund früherer Investitionen von Zeit, Geld oder Energie fortzusetzen, auch wenn es Ihnen nicht mehr nützt.

Visualisierung

Die Praxis, sich die eigenen Ziele und den Prozess der Zielerreichung mental vorzustellen, um die Motivation und Klarheit zu erhöhen.

Willenskraft

Die Fähigkeit, kurzfristigen Verlockungen zu widerstehen und sich auf langfristige Ziele zu konzentrieren, wird oft als endliche Ressource betrachtet, die wieder aufgefüllt werden muss.

Zone des Unbehagens

Der mentale oder emotionale Zustand, in dem Wachstum und Veränderung stattfinden, da er gewohnte Denk- und Handlungsweisen in Frage stellt.

Dieses Glossar wird Ihnen helfen, die wichtigsten Konzepte und Begriffe auf Ihrem Weg zur Umkehrung schlechter Gewohnheiten und zu einer dauerhaften Veränderung zu klären.

Wenn Ihnen dieses Buch gefallen hat, nehmen Sie sich bitte die Zeit, Ihre Gedanken mitzuteilen und eine Rezension auf Amazon zu veröffentlichen. Wir würden das sehr begrüßen!

Vielen Dank,

Brian Mahoney

www.ingramcontent.com/pod-product-compliance
Lightning Source LLC
LaVergne TN
LVHW012024060526
838201LV00061B/4439